"아범아! 귀가 머니
세상이 조용해서 좋구나."

백수(白壽)의 노부,
육신의 귀 소리를 잃으시면서
오히려 자연의 소리가 더
청명하신가.

바람 같은, 구름 같은
그러나 우리가 잊은
사랑의 말씀이
옷깃을 여미게 합니다.

귀가 머니
세상이 조용해서 좋구나

정 병 국

지식과 사람들

책머리에

봄비가 내립니다.
매화 꽃잎에 떨어지는 빗방울을 바라보시던
노부(老父)의 눈가에 잔잔한 미소가 흐릅니다.

손 떨림이 민망하신가.
창문틀에 녹차 잔 내려놓으시고
하얀 수염을 쓸어내리다 허허 웃으십니다.

"아범아! 귀가 머니
세상이 조용해서 좋구나."

백수(白壽)의 노부(老父),
육신의 귀 소리를 잃으시면서
오히려 자연의 소리가 더 청명하신가.

바람 같은, 구름 같은
그러나 우리가 잊은 사랑의 말씀이
옷깃을 여미게 합니다.

그 매화 꽃잎 같은 정갈한 말씀들을
하나씩 정리한 작은 책 한 권,
백 살(百歲)의 생신 사흘 후 천명으로 떠나신
아버지 영전에 올립니다.

2011년 사월 봄날에
정 병 국

■ 차 례

제1부
잡초도 꽃을 피웠으니 화초렷다

제2부

요즘 그 할머니가 안 보인다

▌차 례

제3부

날 네 어미에게 데려다 다오

제4부
장맛은 햇살 맛이니라

제5부
아버지가 그리워하십니다

제1부

잡초도 꽃을 피웠으니 화초렷다

흐뭇한 눈길을
잡초의 하얀 꽃에 모으고
하얀 수염 쓰다듬으며
실바람 같은 미소를
지으십니다.

귀가 머니 세상이 조용해서 좋구나

귀가 어두워지면서
말씀이 부쩍 사라지고
바깥출입도 눈에 띄게 줄었습니다.

텔레비전 소리를 높여드려도
전처럼 가축과 동물들이 나오는,
시골 노인들이 나오는 프로그램을
즐기지 않으십니다.

"바늘 떨어지는 소리도 들을 만큼
 귀가 밝았는데 빗소리도 못 듣는구나."

소리 없는 빗줄기에
탄식을 씻겨 보내는 어깨가
무거운 세월로 굽어 있습니다.

"해질녘 꼴을 베며 듣던
 뻐꾸기 울음소리는 참 처량했느니라."

도시의 아파트로 오신지 오년
자손들이 눈치 채지 못 하는 동안
노부는 가물가물 멀어져가는
자연의 소리를 되새기고 계셨습니다.

"송진내 나는 솔바람 소리를,
산골의 온갖 소리를 듣고 싶구나"

어눌해진 말씀이
예리한 화살로 뼈에 박히지만
어찌 해드릴 수 없어 숨을 죽입니다.

"걱정 말거라.
귀가 머니 세상이 조용해서 좋구나."

귀가 머니 세상이 조용해서 좋으시다'고 말씀하시는 노부에게 차마 위로의 말씀도 드릴 수 없었습니다. 그냥 고개를 숙인 채 서 있기만 했습니다.

가슴속에 소리가 살아 있느니라

경로잔치의 농악놀이가
텔레비전 화면을 뒤흔들고 있습니다.

"아이고! 저 늙은이들 좀 봐라.
 어찌 저리 신명이 났냐."

화면 앞으로 바짝 다가앉으시며
얼굴 가득 웃으시는 노부
소리를 키워 드립니다.

"참 잘들 논다.
 꼭 젊은이들 같구나."

시원한 수박화채는 뒷전이고
덩실덩실 춤추는 노인들 속으로
어우러지십니다.

"어쑤! 어쑤!
 좋구나! 좋아!"

흥겨운 농악가락이 들리시는가.
앉으신 채로 팔을 흔드시며
어깨를 으쓱거리시는 몸짓에
흰 수염도 춤을 춥니다.

큰소리도 듣지 못 하시는데
어떻게 저리 흥이 나실까
눈치를 살피다가
소리를 조금 더 높여 드립니다.

"신경 쓰지 말거라.
가슴속에 소리가 살아 있어
피리 소리도, 꽹과리 소리도
모두 잘 들리는구나."

경로잔치에 도취된 노부는 결코 고령이 아니었습니다. 귀가 멀어 농악소리를 듣지 못 하시나 흥겨운 모습은 젊은 날이나 다름없었습니다.

잡초도 꽃을 피웠으니 화초렷다

"이 꽃 좀 보거라.
 깨알 같은 하얀 꽃송이가 참 예쁘다."

장마가 지나간 뒤
화초 틈새에 이름 모를 잡초들이
저마다 앙증스러운 꽃을 피워
바람에 흔들립니다.

"저놈들은 뽑아도, 뽑아도
 하루밤새 밭을 덮는 지독한 놈들이다."

지난날의 시골이 떠오르시는가,
농사 일손을 지치게 했던 잡초였지만
반가운 눈빛이 역역합니다.

"이를 어찌 하나?
 꽃을 피웠으니 뽑아버릴 수도 없고."

고추밭이나 채마밭이라면
눈길보다 손길이 먼저 나갔을 노부
지팡이를 두 손으로 짚은 채
꽃을 지긋이 바라보십니다.

"어디 화초만 꽃이더냐.

잡초도 꽃을 피웠으니 화초렷다."

답답한 표정을 일순에 걷어낸 후
흐뭇한 눈길을 잡초의 하얀 꽃에 모으고
하얀 수염 쓰다듬으며
실바람 같은 미소를 지으십니다.

잡초의 작은 꽃송이에 눈길을 빼앗긴 노부 곁에 조용히 서 있습니다. 논밭에서는 잡초이지만 화단에서는 당당한 야생화로 인정하시기 때문입니다.

고구마가 언제부터 화초더냐

주전자와 컵이 놓인
짙은 자주색 소반 옆에
고구마 화분을 놓아 드렸습니다.

아파트 경비실 앞까지의 출입 반복으로
하루의 무료함을 달래는 농사꾼이셨던 노부에게
즐거움을 드리기 위해서였습니다.

"이거 고구마 아니냐?
 이놈이 왜 내 방에 있는 거냐?"

대나무 지주를 휘감아 오른
고구마 줄기와 새파란 이파리를 살피는
표정이 어둡게 변합니다.

"이런 화분도 파냐?
 서울 사람들은 참 별나게 산다."

화분 받침에 괸 흥건한 물에
혀를 차시며 고개를 저으시더니
자리에서 일어서십니다.

"들고 나오너라.
 밭이 없으니 화단에다 옮겨 심어야겠다."

내심 아차 싶었지만
민망한 얼굴로 화분의 고구마를
아파트의 화단에 옮겨 심었습니다.

당신의 손으로 한 번 더 흙을 다독인 후
줄기와 잎을 어루만지는 눈길에
농부의 안타까운 강물이 흐릅니다.

"고구마가 언제부터 화초더냐?
 아범은 고구마와 화초도 구분 못하느냐?"

노부의 방에 고구마 화분을 들여놓았다가 고개를 들 수 없었습니다. 고구마는 노부의 말씀대로 화초가 아니라 쌀처럼 소중한 먹을거리입니다.

밭이 바로 채소 강보니라

고층 아파트의 층마다
화단이 가꿔져 있어 봄 여름 가을 내내
장미 등 갖가지 꽃들이 피고 집니다.

휴일 아침, 이슬을 머금은
각양각색의 향기로운 꽃을 바라보며
커피를 마시는 여유로움은
아파트의 삭막함을 씻어줍니다.

"저건 고추와 상추 아니냐?
 저놈들이 왜 화단에 있는 거냐?"

누군가 화초 사이의 공간에
고추와 상추 모종을 심어놓았습니다.

"저놈들 살기 힘들겠다.
 덩치 큰 화초 등살에 뿌리나 내리겠냐."

혀를 차는 눈길이
가시 촘촘한 장미꽃에 머물다가
어린 모종에 못 박힙니다.

농사가 천직이셨던 노부
녹차를 조금씩 마시는 얼굴에

지난날의 세월이 잔잔히 흐릅니다.

"채소는 간난 애기와 다름없다.
밭이 바로 채소를 감싸주는 강보니라."

어린 모종을 쓰다듬은 후
돌아서는 한숨에 안쓰러움이 묻어납니다.

"꽃밭에는 화초가 있어야 하고
고추와 상추는 밭에 있어야 한다.
그게 세상의 이치니라."

노부는 고추와 상추를 화초들 사이에 심어놓은 그 누군가가 못내 못마땅합니다. 고추와 상추는 밭에 있어야 한다는 말씀 앞에 할 말을 잃습니다.

모내기 한 번 했으면 싶다

"봄비구나!
 땅이 살찌겠다."

창밖으로 두 손을 내미는 노부의 얼굴 가득
반가운 웃음이 흐릅니다.

"죽기 전에
 모내기 한 번 했으면 싶다."

빗방울이 날아드는 창문을
아예 활짝 열어 하늘 우러르는 눈빛에
들녘이 출렁거립니다.

"누런 벼이삭의 논두렁에서
 덩실덩실 춤도 추고 싶구나."

논밭에서 여명을 맞고
달빛으로 논도랑의 물꼬를 트시던
지난 세월의 기억들이 봄비로 내리어
나이를 잊으시나 봅니다.

"벼를 베다가 이웃들과 먹는
 네 어미의 새참은 참 꿀맛이었다."

그러나 이제는 지나간 세월
농토도, 아내도 없는 빈 가슴으로
자리에 눕는 몸짓이 사뭇 힘겹습니다.

이불깃을 턱까지 끌어올리는 노부
논밭 일구던 젊은 날의 행복과
당신의 아내를 만나는
그 꿈속에 머무소서.

봄비가 오자 농사짓던 옛날을 그리워하십니다. 평생을 땅과 함께 하신 분이라 농사를 짓을 수 없게 된 당신의 오늘이 답답하고 안타깝기만 합니다.

잡초는 귀한 생명이 아니더냐

봄과 여름 가을 내내
아름답던 아파트 화단에
시든 꽃 이파리 하나 없습니다.

“이놈들을 어찌 하냐?
곧 된서리가 내릴 텐데…….”

겨울의 문턱 풀린 날씨에
싹 튄 잡초의 노란 새싹이 다칠세라
고운 흙 모아 북을 주는 손길이
안타까움으로 떨립니다.

토끼도 안 먹는 풀이라며
허리춤을 당기자 버럭 역정을 내십니다.

“아범은 어찌 그리도 정이 없냐?
잡초는 귀한 생명이 아니더냐?”

평생을 흙으로
가족의 생계를 일군 노부
잡초라 경시하는 자식이 한심해
혀를 차십니다.

땡볕 논밭에서

지겹게 김매기 하던 기억 때문일까
잡초가 아무리 예쁜 꽃을 피워도
도시인이 된 자식에게는
끔찍한 진저리의 대상일 뿐입니다.

"논밭에서 자라지 않으면
잡초도 다 귀한 생명이니라."

초겨울의 오후 햇살이
정성껏 북을 주는 노부의 손길에 묻어
새싹의 어린뿌리 속으로 스밉니다.

논밭에 자라지 않으면 잡초도 귀한 생명이라는 노부의 호통에 내심 당황했습니다. 잡초를 쓸모없는 풀로 여긴 편견이 얼마나 부끄러웠는지 모릅니다.

울타리도 소중한 밭이었다

애호박의 매콤한 무침에
고추장으로 비빈 비빔밥은
입맛 잃은 여름철의 별식입니다.

"호박이 맛이 들었구나.
뉘 집 애호박이냐?"

매일 드시는
야채 죽에 질리셨는지
애호박 비빔밥을 반기십니다.

입맛 돋워 드리려
뜨거운 북어 콩나물국을 내자
고개를 저으십니다.

"애호박 비빔밥에는
시원한 오이냉국이 제격이다."

차가운 우물물에
된장을 풀어 간을 내고
오이채를 넣은 오이냉국은
오이 향과 된장의 절묘한 조화로
그 맛이 마치 솔바람 같습니다.

"애호박이나 오이는
싸리나무 울타리에서 자란 놈이라야
제 맛을 내느니라."

어머니는 초여름에서 가을까지
끼니때마다 물 묻은 손으로
울타리의 애호박이나 오이를 따다가
반찬을 만들곤 했습니다.

"싸리나무 울타리도 소중한 밭이었다.
한 가족의 반찬거리를 거뜬히 댔느니라."

울타리는 마치 텃밭 같았습니다. 손만 뻗으면 무엇이든 딸 수 있는 열매 채전이었습니다.

어디 제 땅만 하겠느냐

시골 벗이 보낸 당기와 방풀 화분을
아파트 출입문 옆 화단으로 옮겼습니다.

거실이나 베란다에서 키우고 싶었지만
야생약초인 당기와 방풀에게 자연의 햇살과
비를 맞게 할 곳이 화단밖에 없었습니다.

"그게 잘 살겠느냐?
 공연히 아까운 생명만 탈내겠다."

장미 넝쿨과 튤립 등의 그림자를 피해
햇살 바른 곳에 화분을 반쯤 묻어놓고
청계산에서 떠온 약수를 듬뿍 주었습니다.

"수돗물을 줄까봐 걱정했다.
 약수를 줄 생각은 어찌 했느냐?"

수시로 보살피는 노부의 정성일까.
어린 당기와 방풀은 파란 잎을
초여름의 바람과 햇살에 반짝였습니다.

며칠 후 잘 자라고 있는
당기와 방풀을 산으로 돌려보내자는
노부의 얼굴을 쳐다봅니다.

“병색이 역역하다.
산으로 돌려보내는 게 좋겠구나.”

당기와 방풀을 살펴보니
잎 곳곳에 기미 같은 반점이 보이고
생기도 없어 보였습니다.

“정성을 쏟는다고 어디 제 땅만 하겠느냐.
생명은 다 제 땅이 있는 법이다..”

당기와 방풀은 정성을 쏟아도 제대로 자라지 못 했습니다. 모든 생명체는 살기 적합한 제 땅이 있는 법이라는 노부의 말씀에 욕심을 버립니다.

인분이래야 튼실하게 자라니라

"올벼 못자리 때가 지났구나.
늦벼도 바쁘다."

달력의 음력 절기를 짚는 노부
손가락 끝에 천수답
다랑이 논이 묻어납니다.

"뼈골 빠지는 게 농사다만
하늘을 원망한 적 한 번도 없다.
너희 육남매를 키워준 것도 바로 농사이니라."

산촌에서 큰 아들네로 오신 지 오년
봄비에 목련 꽃망울이 터지자
농사 얘기만 하십니다.

"벼도, 배추도, 과일나무도
인분을 주어야 튼실하게 자라니라."

사람의 분뇨가 농사의 생명이라며
좌변기의 물을 내릴 때마다 안타까워
되돌아보시곤 합니다.

"서울 사람들은 똥오줌을 더러워한다지?
밥 먹을 자격이 없느니라."

평생을 똥지게와 오줌지게질로
거북이 등처럼 어깨에 굳은살이 박였던
그러나 이제 농사를 지을 수 없는 노부
올 모내기철에 가까운 시골의 논으로 모셔
못줄이라도 잡을 기회를 드려야 할까 봅니다.

오월의 기름진 논둑에서
한나절의 목마름을
막걸리로 추겨드려야 할까 봅니다.

겨울이 물러가자 아파트단지의 나무숲을 돌아보고 들어오시면 어김없이 농사 얘기를 꺼내십니다. 싱싱한 봄기운에 논밭 흙냄새를 더욱 그리워하십니다.

세월이 유수 같은 게 아니다

베란다의 창문을 열고
밖을 내다보는 시간이 많아지셨습니다.

오가는 사람들에게,
하늘의 구름에 눈길을 주다
긴 한숨 숨기듯 눈을 감으십니다.

"많은 세월을 잃었구나.
 아범은 시간을 놓치지 말거라."

땅 꺼지는 한숨 끝에
어눌한 목소리로 말씀하시는
노부의 눈가가 촉촉합니다.

"세월이 빠른 게 아니라
 내가 게을렀구나."

굴다리난전을 다녀오려던 걸음을 접고
조용히 다음 말씀을 기다립니다.

"세상을 지내놓고 보니
 참으로 많은 세월을 허송했다."

장마 후의 후덥지근한 바람이

베란다 창문으로 밀려들어
숨이 막힙니다.

"사람의 목숨이 짧거나
세월이 유수 같은 게 아니다.
허송세월이 문제이니라."

창밖으로 얼굴을 돌리는 노부
더운 바람에 날리는
긴 하얀 수염을 쓸어내립니다.

삶의 회한이 많으신 듯 우울한 눈길을 구름에 던지시곤 합니다. 가슴까지 자란 수염을 쓸어내리는 손등에 고단했던 삶이 검버섯으로 피어 있습니다.

햇살이 참 곱구나

목련화 진달래꽃 지고
철쭉이 너부러지게 핀 봄날
아파트 어린이놀이터로 나오신 노부
지팡이 치켜들며 기지개를 킵니다.

"구름 한 점 없구나.
바람도 이불솜처럼 포근하다."

시골의 논밭을 돌아보듯
봄볕 속의 거닐다가 벤치에 앉은
하얀 수염의 노부 앞으로
한 무리의 비둘기가 내려앉아
모이를 찾다 일제히 날아오릅니다.

비둘기가 날아간 하늘을 쳐다보는
노부의 주름 깊은 눈가에
잔잔한 웃음이 흐릅니다.

"햇살이 참 곱구나.
어찌 이리 곱냐?"

한 올, 한 올
햇살 헤아리며
흰 수염 쓸어내리던 노부

지난 한 세기의 삶이
회한(悔恨)의 아픔으로 흘러
눈시울 젖으시는가.

“눈이 부시다.
 그만 들어가자.”

손자의 선물
등산용 지팡이를 짚는 손등에
봄날의 햇살이 쏟아집니다.

“햇살이 어찌 저리 곱냐?”는 물음에 답변할 수 없었습니다. 98세의 노부가 바라보는 햇살의 아름다움이 어떤 것인지 상상할 수 없었기 때문입니다.

장기훈수는 산신령도 날 못 당한다

"에끼! 포(包)를 넘겨야지.
 졸(卒)은 왜 밀어."

새벽 KBS 장기왕전 TV 녹화중계.
송종일 9단과 김도국 5단의 대국에 좌정한 노부
주무시라는 성화에도 요지부동이십니다.

"어허! 포장 들어온다.
 차(車)로 막고 상(象)으로 장군 불러."

안타까운 눈길로 혀를 차다가
무릎을 치십니다.

"하! 그런 기막힌 묘수가 있었군.
 졸이 최영 장군이네."

흰 수염 쓸어내리며 탄복하는
말 그대로 장기삼매경입니다.

"저 양반 마포(馬·包)장기에 귀신이구나.
 졸도 잘 부리고."

마침내 대국이 끝나자
장기 잘 두시냐는 물음에 눈을 흘기십니다.

"장기훈수 말이냐?
산신령도 날 못 당한다."

자리에 눕는 노부
어느새 곤한 잠속입니다.

오늘 밤은 무릉도원에서
신선들과 장기와 신선주에 취하는 꿈꾸세요.
갈골 능선에 잠드신 당신의 아내
어머니도 해후하시고요.

자정이 넘은 KBS 장기왕전 녹화중계. 아버지는 대국이 진행되는 동안 결코 '고령의 노인'이 아니라 두 사람을 동시에 훈수하는 '장기도사'였습니다.

산바람의 으뜸은 솔바람이니라

"왜 이리 덥나?
소나기라도 한 줄기 왔으면 싶다."

고령의 노인들에게는
에어컨의 냉기가 좋지 않아
선풍기도 미풍으로 틀어드립니다.

"저쪽으로 치워라.
어깨와 허리가 시리다."

평생을 농사와 노동으로 살아
아직 굳은살이 남아 있는 손짓에
선풍기의 방향을 벽 쪽으로 돌려놓은 후
시원한 물을 드립니다.

"통골의 계곡물은
한여름에도 얼음장이었니라."

이가 없어 발음이 새는 노부의 말씀마다
산 깊은 산촌의 다랑이 논밭에서
지게와 삽으로 농사를 짓던
계곡의 시원한 물소리가 들립니다.

"하루에도 서너 차례

계곡 물속에서 산바람을 맞다보면
어느새 가을이곤 했다."

도시의 바람에서는
쉰 막걸리 냄새가 난다는 말씀 끝에
산바람을 음미하십니다.

"산바람의 향기 중 으뜸은
솔바람이니라."

선풍기 바람도 피하시는 노부는 아파트에서 다섯 번째 맞는 올여름 역시 소나무 그늘의 산바람을 그리워하십니다. 산골의 계곡물을 그리워하십니다.

개구리도 울지 않는 동네구나

종일 지척거리는 빗줄기를
베란다에서 바라보는 노부의 표정이
어둡고 우울합니다.

워낙 연세가 높아
혹 비바람에 감기라도 드실까
따끈하게 데운 우유를 드립니다.

“개구리도, 맹꽁이도
울지 않는 동네구나.”

산 속의 나무숲처럼
삼십 년 생이 넘는 나무들로 가득 찬
아파트단지는 쏟아지는 빗소리로
차라리 고즈넉합니다.

“저렇게 숲이 우거졌는데
어찌 청개구리 한 마리 울지 않나?”

비 오는 날의 시골 여름은
개구리와 맹꽁이, 청개구리의 울음소리에
송아지도 덩달아 웁니다.

해가 쨍쨍할 때 청개구리가 울면

꼭 비가 왔다는 노부의 말씀 속에
장마 때마다 논 물꼬를 넓게 터놓던
산골 풍경이 그리움으로 출렁입니다.

"이곳 아이들은 개구리가
 어떻게 우는지 알까 모르겠다."

서둘러 인터넷의 개구리 동영상을 찾아
볼륨을 크게 높입니다.
힐끔 돌아다보시는 얼굴에
하얀 수염 같은 웃음이 피어납니다.

노부에게는 개구리, 맹꽁이 울음소리도 삶의 추억으로 애틋한 그리움입니다. 도시에서 자연을 잊고 살아가는 가슴에 어린 시절의 시골이 다가옵니다.

애들 엄마들이 고생께나 하겠다

아파트의 어린이놀이터가
아이들 목소리로 눈부십니다.

"아이고! 많기도 하다.
 저 노란 병아리들 좀 보아라."

모처럼 놀이터의 벤치에 앉으신 노부
깔깔거리며 뛰노는 아이들의 모습에
만면에 웃음꽃이 핍니다.

혹 아이들과 부딪쳐 넘어지시면
큰일이라도 겪을까 염려되어
당신 혼자서는 못 오시는 놀이터입니다.

"하! 그 놈들!
 참 잘들 논다."

미끄럼틀을 타는
그네를 타는
모래밭에서 씨름하듯 뒹구는 아이들을
하나같이 친 손자손녀로 바라보십니다.

"저 녀석들 저렇게 뛰놀다가는
 밤에 오줌 싸겠다."

바람에 날리는 긴 수염 쓸어내리며
마냥 흐뭇한 미소를 짓는 얼굴이
하얀 수국 꽃처럼 포근합니다.

봄 햇살에 너무 오래 계신다 싶지만
차마 그만 들어 가시자는 말씀 못 드리고
슬그머니 눈치를 살피자
지팡이를 짚으며 일어서십니다.

"저 녀석들 키우자면
애들 엄마들이 고생께나 하겠다."

노부는 어린놀이터에서 아내를 떠올렸을 겁니다. 해방의 혼란과 6.25, 그리고 가난 속에서 6남매를 키운 당신의 아내는 위대한 어머니입니다.

제2부

요즘 그 할머니가 안 보인다

할머니는 시골 고향에
다니려가셨다가
갑자기 이승을 뜨셨지만
막내딸네 갔다고
거짓말을 합니다.

요즘 그 할머니가 안 보인다

"요즘 그 할머니가 안 보인다.
어디 아픈 건 아닌지 모르겠구나."

아파트의 경비실 한편에
의자가 하나 놓여 있습니다.
산책이 어려운 노인들이 앉아
바깥바람을 쐬는 작은 의자입니다.

"아프면 큰일이다.
애비가 한 번 알아 보거라."

노부와 할머니는
하루에도 서너 차례씩 마주치는
의자 친구입니다.

두 분이 자리를 양보하는 모습은
백년해로를 함께 하는 부부 같아
젊은 부인들이 놀리기도 합니다.

"설마 잘못된 건 아니겠지?
아범아! 그렇지?"

의자에 앉아 할머니를 기다리다
늦은 점심을 드시는 노부에게

차마 사실대로 말씀드리지 못합니다.

"정신을 놓았으면 안 되는데.
노망들면 안 되는데……."

그 할머니는 고향에 다니러가셨다가
갑자기 이승을 뜨셨지만
막내딸네 갔다고 거짓말을 합니다.

"그러냐?
그럼 곧 오겠구나."

표정이 밝아지시며 점심을 맛있게 드십니다.
물을 따라드리는 가슴에 알 수 없는 아픔이
바람처럼 밀려듭니다.

친구는 젊어서도, 늙어서도 참으로 소중한 존재입니다. 노부는 오누이처럼 지낸 그 할머니의 따뜻한 말 한 마디마다 기쁨을 느꼈을 겁니다.

주신 모습대로 조상님들을 뵙고 싶구나

"흰 머리가 보기 싫으냐?
그래도 깎지 말거라."

귀 뒤에서 어깨로 흐르는
흰 머리카락
가슴을 덮은 흰 수염

"살 만큼 살았다.
주신 모습대로 조상님들을 뵙고 싶구나."

그래요.
깎지 마세요.
하지만, 아직은 떠나실 때가 아닙니다.

빗과 가위를 치우고
목욕시켜 드리는 두 손길
잘 모시지 못 한다는 불효보다
마음이 먼저 아픕니다.

"사지(四肢) 멀쩡하게
조상님 뵙는 것도 큰 효도니라."

욕조 밖으로 나오시는 노부
두 눈에 생(生)의 피곤함이 깊습니다.

"두 분보다 오래 살았으니
반갑게 맞아 주실 거다."

속옷만 입은 채 욕실을 나가시는
노부의 뒷모습을 외면합니다.

항거할 수 없는 세월
한없는 무력감에
입술이 피멍들도록 깨뭅니다.

하얀 머리카락도, 수염도 가슴 아래까지 길게 자랐습니다. 부모님이 주신 육신 그대로 조상님들을 뵙고 싶으시다며 몇 년째 이발을 하지 않으십니다.

옷 색깔에도 나이가 있느니라

"이건 여자 속내의 아니냐?
 이 시뻘건 옷을 날더러 입으라는 거냐?"

하얀 수염 쓸어내리며
기가 찬 표정을 지으시는 노부

"옷에도 나이가 있느니라.
 흰 거나 검정색이면 좋겠다."

텔레비전의 어느 아침 방송
시골 노인들의 화려한 추리닝 차림에

"아이고! 젊어보여서 좋다.
 색깔도 참 좋구나."

감탄하시기에 준비한 빨간색 추리닝을
거실 소파에 던져버리십니다.
쉽게 입지 않으실 걸 알면서도
시침 뚝 떼고 밀어붙입니다.

"빨간 옷 입으면 오래 사신데요.
 그리고 이거 비싼 옷이에요."

베개 머리맡에 슬그머니 놓으며

노부의 눈치를 살핍니다.

"아범이나 입거라.
 난 시뻘건 옷은 필요 없다."

혹 떼려다 더 큰 혹 붙인 민망스러움을
웃음으로 감추다가 어머니를 떠올립니다.

바늘 하나로
아버지의 입성을 척척 맞춘
함경북도 청진이 고향인 어머니를.

할머니 할아버지들의 빨간색 노란색 추리닝 차림의 야유회 모습에 98세의 노부에게도 빨간색 추리닝을 준비해 드렸다가 핀잔만 받았습니다.

소피가 급하니 저리 비켜라

"밤에 손톱 깎는 거 아니다.
내일 낮에 깎자."

손톱깎이가 손톱에 닿기도 전에
얼굴부터 찡그리십니다.

"만주에서 술 배급을 받을 때
새치기 하는 놈이 있더라.
그래 내가 들배지기로 집어던졌다."

어린 시절 매 맞고 들어왔을 때
솥뚜껑 같은 두 손으로 얼굴을 감싸며
너는 그런 장사의 아들이다
빙그레 웃으시던 노부

손톱줄로 손톱 끝을 다듬다가
손톱 사이를 살짝 찌르자
재빨리 빠져나갈 빌미를 찾습니다.

"손가락이 피범벅 되겠다.
그만 해라."

들은 척도 않는 자식을
화 난 눈길로 손을 빼며

꼼짝 못할 핑계로 빠져나가십니다.

"소피가 급하다.
저리 비켜라."

서둘러 일어서시는 몸짓에서
하얗게 부서지며 사라지는
세월을 봅니다.

연로하신 분들의 손톱과 발톱 밑은 작은 충격에도 상당한 아픔을 느낍니다. 때문에 목욕으로 충분히 불린 후 깎아드려도 엄살이 하늘을 찌릅니다.

낮잠을 시원하게 잘 수 있겠다

"이거 대나무베개 아니냐?
여름에는 이것만큼 시원한 게 없다."

낮에도 누워계시는 시간이 많아
대나무로 만든 베개를 사다 드렸더니
죽마고우를 만난 듯 반기십니다.

대나무베개는 사랑채나 대청마루에 누워
더위를 피할 때 베는 것으로
목덜미 쪽을 시원하게 해 줍니다.

"일반 베개는 땀이 채이지만
대나무베개는 바람이 잘 통하니라."

여름, 뜨거운 한낮이면
논밭을 오고가던 일손 멈추고
텃밭 옆 등나무 그늘의 평상에
대나무베개를 베고 주무시던 모습이
한 폭의 그림처럼 떠오릅니다.

갑자기 소나기라도 쏟아지면
베적삼보다 대나무베개만을 챙겨들고
집 안으로 드시던 모습도
눈앞에 선합니다.

"요즘 한방베개다 뭐다 많다만
대나무로 엮은 베개만큼이야 하겠느냐?"

여름베개로는 이만한 게 없다며
대나무베개를 베고 자리에 눕습니다.

"역시 좋구나.
낮잠을 시원하게 잘 수 있겠다."

대나무로 엮어 만든, 먼 조상 때부터 사용한 대나무 베개야말로 나이 드신 분들에게는 평상에 누워 더위를 쫓고 싶은 아주 정감 어린 물건입니다.

매운 것을 먹어야 기운 차린다

워낙 고령이시라
틀니도 불편하시여
잇몸으로 세끼 죽을 드십니다.

이른 아침은
계란빵을 넣은 따뜻한 우유죽으로
점심과 저녁은 야채 죽으로
마늘 갈듯 다진 김치반찬에
노후를 유지하십니다.

"인이 박혔나 보다.
이제는 죽이 맛있구나."

질은 밥을 찾으시다
체기로 한동안 고생하신 후부터는
죽을 즐겨 드십니다.

"새우젓과 명란젓이
죽 반찬으로는 최고구나."

새우젓과 명란젓은
이가 없어도 얼마든지 드실 수 있고
소화를 도와주므로 항상 상에 올립니다.

"마늘과 고춧가루를 더 넣어라.
죽 맛이 싱겁다."

소화기관이 많이 약해지셨기에
자극성 있는 양념을 가급적 피했는데
생마늘과 매운 풋고추의 맛으로
입맛을 돋우시던 지난날의 기억 앞에
어찌할까 망설입니다.

"걱정할 것 없다.
조선 늙은이들은 맵게 먹어야
기운을 차리느니라."

논밭에서 일하시다가 끼니때마다 매운 풋고추로도 부족해 매운 고추장을 듬뿍 찍어 드시던 젊은 날의 아버지 모습이 눈앞에 선합니다.

종일 오리나 걷는지 모르겠다

틈틈이
밖으로 나가시는 발걸음은
새벽에서 다음 날 새벽으로 이어집니다.

"종일 걷는다고 걷는데
 오리나 걷는지 모르겠다."

당신의 잠자리에서
아파트의 경비실 앞 의자까지
왕복 40여 미터, 24시간 20여회로 계산하면
하루 8백여 미터쯤 걷는 셈입니다.

"다리에 힘이 없을수록
 걷고 또 걸어야 하는데 큰일이다."

얼마 전까지 저승도
당신의 두 다리로 걸어가겠다고
큰 소리 치셨는데 오늘은 아닙니다.

"다리에 힘이 빠지니
 지팡이를 짚는 팔도 떨리는구나."

치아가 한 개도 없어
합죽이가 되신 얼굴에 흐르는

우울한 웃음의 잔영이
가슴 에는 아픔으로 밀려옵니다.

새벽에도 밖으로 나가심은
당신의 다리 힘을 지키려는
안간힘의 몸짓입니다.

"자리보존하지 말고 가야 하는데
그게 큰 걱정이구나."

불편 없이 모시는 줄 알았는데 아니었습니다. 노부의 걱정이 무엇인지 눈치조차 채지 못한 게 한 둘이 아니었음에 한없이 죄스러울 뿐입니다.

사람이 짐승과 다른 게 별거냐

잠시 잠깐이라도
밖으로 나가실 때는
이부자리부터 정리하십니다.

"헝클어진 잠자리만큼
볼썽사나운 게 없다."

요와 이불의 깃을 맞추고
베개도 제자리에 반듯하게 놓습니다.
하루에도 여러 차례 반복하지만
귀찮은 기색이 없으십니다.

"노인 잠자리는 더욱 그렇다.
늙을수록 조심해야 한다."

큰 지병이 없으시어
거동에는 별다른 문제가 없지만
매번 이부자리를 살피는 건
사실 번거로운 일입니다.

"몸만 빠져나간 잠자리는
돼지만도 못한 사람이나 하는 짓이다."

도둑이라도 든 듯

손자의 어지러운 침대 광경에
혀를 차며 손자를 불러
알밤을 서너 번 때리셨던 노부
틈틈이 녀석의 방을 확인하십니다.

"사람이 짐승과 다른 게 별거냐?
자리를 반듯하게 챙길 줄 아는 거다."

소반 위의 물을 마신 노부
천천히 자리에 눕습니다.

"지금껏 내 이부자리를
얼마나 잘 챙겼는지 모르겠구나."

이부자리는 아내의 몫이었습니다. 지금껏 그렇게 살아왔습니다. 그러나 노부가 당신 스스로 이부자리를 챙기시는 모습에서 많은 것을 생각합니다.

소만 닮아도 사람노릇 하는 거다

귀가 먹어 잘 들리지 않지만
텔레비전에 소나 돼지 닭이 나오면
화면 앞으로 다가앉으십니다.

"그 놈 참 실하다.
밭갈이 한 번 잘 하겠구나."

주인 농부보다 앞서
고삐를 늘인 채 외양간으로 들어가는
커다란 암소에 고개를 끄덕이십니다.

"밭갈이 소는 암소여야 하느니라.
황소는 심술이 사나워 부리기 어렵다."

기운이 한창이셨던 젊은 시절
논밭갈이 품삯으로 쌀과 보리를 받아오던
그때의 기억이 새로우신지
손바닥과 손등을 살펴보십니다.

"비탈진 다랑이 논밭은
사람도 소도 지치기 예사였느니라."

사람도 소도 갈증을 풀기 위해
걸쭉한 막걸리를 한 사발씩 마시고

나무그늘에서 땀을 식혔다며
텔레비전에서 눈길을 돌리는 노부

"소는 영물이니라.
주인이 지치면 쟁기질 걸음을 늦춘다."

화면이 요리 프로그램으로 바뀌자
자리에 누우시며 덧붙입니다.

"소의 반만 닮아도
사람 노릇 제대로 하는 거다."

지난 날, 소는 농가의 큰 일꾼이었습니다. 봄부터 가을까지 농사일을 함께 하며 새끼도 낳아 자식 교육비와 살림에 큰 보탬을 주었습니다.

그새 여자 손보다 더 곱구나

두 손을 비비다
유심히 들여다보시는 눈길에
슬픈 강이 흐릅니다.

"생명선은 팔목까지 뻗었는데
재물 운은 칡넝쿨처럼 꼬였구나."

소도 언덕이 있어야 비빈다며
육남매의 생활을 걱정하시더니
재물 운 없이 태어난 당신의 팔자를
큰 죄로 탄식하십니다.

"땅 한 뼘, 집 한 칸
무엇 하나 물려주지 못했구나."

비 오는 창밖을 바라보시다가
다시 두 손의 손금을 살피며
허허 기가 찬 웃음을 터트리십니다.

"삼신할멈도 참 얄궂다.
자식 복은 흘러넘치게 주셨구나."

언젠가, 너희들 수발에
천수보다 더 오래 살겠다며

손자손녀들의 머리를 쓰다듬으시더니
오늘은 아픔으로 서 계십니다.

그토록 당당하시던 어깨도
천만근의 세월 무게에 지치어
손금에서 슬픔과 기쁨을 챙기시며
가슴 깊이 담습니다.

"이 손 좀 보거라.
 일손 놓은 지 얼마나 됐다고
 그새 여자 손보다 더 곱구나."

잠시 잠깐의 바깥출입 때도 화단의 잡초를 뽑습니다. 평생을 일만 하시다가 떠나야 마음이 편하신지 굳은살이 사라진 손바닥을 부끄러워하십니다.

참아도 소피를 지리는구나

"웬 고구마냐?
속살이 아주 달고 차지구나."

뜨거움이 가시지 않은
고구마를 맛있게 드시며
먼 옛날의 시골 얘기를 하시다가
갑자기 우울한 얼굴을 하십니다.

"부끄럽고 창피하다.
참아도 소피를 지리는구나."

내심 당황했지만
내일모래가 백수인 노부이신지라
그간의 건강을 칭찬해 드립니다.

"아범이야 이해하겠지만
아이들에게 뭐라고 설명 하냐?"

파삭한 고구마에 목메실 듯싶어
우유를 가져다 드리며
버릇없이 실실 웃습니다.

"웃을 일이 아니다.
아이들이 지린내난다고 외면할까

그게 두렵다."

손자보다 손녀가 더
할아버지와 친구처럼 지냅니다.

"그 동안 밥도 같이 먹었는데
녀석이 지린내 나서 싫다면 어찌 하냐?"

당신의 의지로 제어할 수 없는 소피, 기저귀를 차고, 하루 서너 차례 목욕할 수 없는 노부의 가슴은 손녀와의 정이 끊길까 까맣게 탑니다.

늙은이 소피냄새는 지독하니라

화장실을 나오셨다가
다시 들어가 변기를 확인하며
물을 내리는 몸가짐에 가슴이 아립니다.

"늙은이 소피는
 그 냄새가 지독하니라."

화장실 사용에 신경을 곤두세우는
노부를 만류하다 지금은 외면합니다.

"내 소피 냄새이지만
 역하기 이를 때 없다."

자주 소피를 보는 노부로서는
바닥에 흘렸을까,
물 내림을 잊었을까 좌불안석입니다.

"아범이야 이해하겠지만
 철부지 애들이 뭘 알겠느냐."

집안 어른으로서 실수가 있을까
화장실 사용에 지나치게 조심하여
때로는 화가 나기도 합니다.

"아직까지는 그렇다만
앞으로 어떨까 걱정이다."

한숨을 쉬시는 얼굴에
수심이 가득합니다.

"오래 사는 것도 좋지만
흉한 짓 없이 죽어야 하는데……."

당신 스스로, 당신의 소피 냄새가 역하고 지독하다며 화장실 출입을 조심하시는 노부. 이를 지켜보는 자식의 가슴은 아리기만 합니다.

물 내리는 걸 자꾸 잊는구나

고령의 노인에게는
화장실 출입도 만만한 일이 아닙니다.
때로는 본의 아닌 실수에
크게 탄식합니다.

"옛 어른들의 말씀은
틀린 게 하나도 없다."

목욕 후 옷을 갈아입으시다
힘에 부친 듯 앉아계시는 노부
고개를 끄덕이십니다.

"벽에 똥칠하기 전에
이승을 떠야 한다더니……."

말씀 끝을 흘리며
창밖 나뭇잎을 쳐다보십니다.

"지금껏 참 잘 살았다만
남은 세월은 어쩔까 모르겠다."

용변을 본 후 그대로 나오는 경우가
날이 갈수록 늘어 가시지만
위로의 말씀을 드립니다.

"고맙구나.
아주 고맙구나."

노부의 고맙다는 말씀이
한없는 아픔이 되어
가슴에서 파삭 부서집니다.

"신경을 그렇게 쓰는 데도
화장실의 물 내리는 걸 자꾸 잊는구나."

노부의 소중한 기억들이 하나씩 사라지고 있습니다. 그 소중한 것들을 지키려 안간힘 쓰시는 노부를 지켜보는 자식은 먼 하늘을 우러를 뿐입니다.

가장 두려운 게 노망이다

손자보다 손녀를
더 귀여워하는 98세의 노부가
긴 한숨을 내쉬십니다.

"백년을 산다…….
 참으로 긴 세월이구나."

하도 무거운 표정이라
내심 긴장하며 눈치를 살핍니다.

"옛날 같았으면
 임금이 장수하사품을 내렸을 게다."

실개천 닮은 웃음이
입가에 흐르는 듯싶었지만
이내 굳어지십니다.

"늙어서도 웬만큼 몸을 추스르니
 이보다 더 좋은 일이 없다만……."

무슨 말씀을 하시려는지
그 방향조차 짐작할 수 없어
불안한 마음으로 가슴 조입니다.

"이 애비가 날이 갈수록
 가장 두려운 게 뭔지 아느냐?"

무엇인가 당신 스스로
절실히 인정하는 듯 고개를 끄덕이시어
마음은 아예 좌불안석입니다.

"노망이다.
 똥오줌 못 가리는 노망 말이다."

신에게 기도합니다. 아버지로 하여금 주무시다 조용히 떠나시는 천수를 누리게 해달라고. 치매의 고통을 겪지 않게 자비를 베풀어 달라고…….

너무 오래 사는 것도 죄구나

장마와 무더위가 반복되자
기력이 부치시는지 입맛을 잃으셨습니다.

"갈 때가 되긴 됐나보다.
 여름나기가 이렇게 힘들구나."

닭죽 그릇을 반도 못 비우고
수저를 놓으며 심호흡을 하십니다.

입맛이 없으시더라도
조금 더 드셨으면 하는 욕심에
숟가락을 쥐어드립니다.

"나중에 먹으마.
 지금은 눕고 싶구나."

입성이 좋으시어 무엇이든 잘 드셨는데
불안한 마음이 요동칩니다.

"너무 걱정 말거라.
 곧 입맛이 돌아올 거다."

애써 지으시는 웃음이
늦가을의 서늘한 바람 같습니다.

내일 모레이면 백세이신데
그때까지 편히 사셨으면 하는
자식의 간절한 바람을 모르시는지
탄식처럼 말씀하십니다.

"나 때문에 모두들 고생이다.
너무 오래 사는 것도 죄이구나."

지난해의 여름은 거뜬히 보내셨는데 올해는 많이 힘들어 하십니다. 너무 오래 살아 자식들 고생시킨다는 말씀과 탄식이 부쩍 많아지셨습니다.

하늘의 자비가 너무 넘치는구나

거실의 큰 거울 앞에서
가슴까지 덮은 하얀 수염을 쓸어내리며
심각하게 고개를 끄덕이십니다.

"아무래도 착오가 생겼나 보다.
그렇지 않고서야 이리 오래 살 리 없다."

애써 허리를 고추 세운 자세로
거울 속 얼굴에서 눈길을 거두지 않습니다.

"우리 가문은 원래 단명했니라.
나는 부모님보다 두 배는 더 사는구나."

거울 가까이 다가서서
두 손으로 얼굴을 비벼보시다가
민망한 표정으로 돌아서십니다.

"오래 사니 좋긴 좋구나.
너희들에게 짐이 돼서 탈이지만."

긴 세월 동안 성한 몸으로
살아 있음이 믿어지지 않으시는가.

잇몸으로 작은 감자 한 알과

고구마를 소금에 찍어 드시는 동안
말씀 한 마디 없으시다가
헛기침으로 일어나십니다.

"아무리 생각해 봐도
 하늘의 자비가 너무 넘치는구나."

부모님들은 하는 일 없이 목숨만 오래 부지하는 것을 부끄럽다 말씀하십니다. 목숨보다 삶의 가치를 일순에 두기 때문인가 봅니다.

하늘이 주신 큰 복이니라

해가 긴 여름이라
간식으로 호박죽을 드렸더니
두어 숟가락 뜨시다가 밀어내십니다.

"입맛이 없어서 그런가.
 죽에서 풀냄새가 나는구나."

돌아앉으면 이부자리
그조차 힘든 누움에
당황한 손길로 베개를 챙겨드립니다.

"어멈은 어디 갔냐?
 통 보이지 않는구나."

큰며느리의 암 투병을 숨긴 까닭에
이불깃만 올려드립니다.

"참 오래도 산다.
 사는 것도 지겹구나."

벽 쪽으로 돌아누우시다가
얼굴 가득 미소를 지으십니다.

"요즘 꿈자리가 좋더구나.

아마 벽에 똥칠은 안 할 듯싶다."

어쩔 수 없는
세월 앞의 목숨
입술 깨물며 고개를 숙입니다.

"몸 성히, 편안히 죽는 것도
하늘이 주신 큰 복이니라."

편안히 죽는 것도 하늘의 복이라는 말씀, 처음에는 황당하게 들렸지만 그 또한 자식 사랑임을 깨달았을 때 침묵으로 고개를 숙여야 했습니다.

너희들 살 일이 걱정이다

비가 옵니다.
베란다에서 빗줄기를 바라보는
노부의 표정이 무겁습니다.

"아버님을 뵈었다.
 꿈이지만 꼭 생시(生時) 같더구나."

낮잠을 주무시다
대쪽 같으셨다는 할아버지, 조부님 꿈을
또 꾸신 모양입니다.

"오늘도 아무런 말씀 없으셨다.
 그냥 물끄러미 바라보기만 하시더구나."

혼잣말처럼 얘기하시며
빗줄기를 지켜보는 노부의 눈가에
눈물이 괩니다.

연세가 아무리 높아도
부모님의 그리움 앞에서는
작은 아이일 수밖에 없나 봅니다.

검버섯 볼을 타고 흘러내린 눈물이
가슴 아래까지 자란 하얀 수염 속으로 스미지만

비바람 곁에 맡깁니다.

“어르신들 뵐 날이 멀지 않았는데…….
너희들 살 일이 걱정이다.”

소리 없는 긴 한숨은
빗줄기가 되어
바람이 되어
그리운 부모님 곁에 머뭅니다.

연세가 드셔도 당신의 부모님을 그리워하는 마음은 어린 시절과 다름없나 봅니다. 98세의 노부가 꿈에서 뵌 부모님을 그리워하심에 침묵만 지킵니다.

제3부

날 네 어미에게 데려다 다오

긴 장마의 폭우 때에도
한 번도 어머니 산소 걱정을
한 적이 없는
큰 자식 놈은 노부의 눈길을
피합니다.

혼자만 오래 산다고 욕하겠다

봄 햇살이 부드럽고
화단에 꽃이 만발한데
누워 계시는 시간이 많아지셨습니다.

좋아하시는 음식을 드려도
천정 무늬만 쳐다보십니다.

"그새 십년이 넘었구나.
네 어미가 세상을 떠난 지도."

기력이 쇠잔한 노부에게
어디 불편하시냐고 여쭙기가 민망해
조용히 자리를 지킵니다.

"네 어미가 욕하겠다.
혼자만 오래 산다고."

신기루 같은 웃음이 스친
노부의 눈 속에
아내의 그리움이 강물로 흐릅니다.

"조금 더 살다 함께 갈 것이지.
그 곳이 뭐가 그리 좋다고……."

당신 혼자 살아 있음을
백년해로 하지 못한 한으로
차라리 아내를 원망하십니다.

"혼자 갈 곳이 따로 있지.
못난 사람 같으니."

벽을 향한 긴 한숨이
생전의 아내 곁으로 다가갑니다.

노부께서는 지난 세월의 삶을 다 잊었어도 당신의 아내에 대한 그리움은 원망으로 변해 이제는 가슴 깊은 곳까지 저리고 아리시나 봅니다.

네 어미는 안 그랬다

저녁 상차림을 살핀 노부가
도로 자리에 눕습니다.

“생각 없다.
 상 치워라.”

못마땅한 눈길을 던지시곤
눈을 감습니다.

노부의 심기가 왜 불편한지
그 까닭을 잘 알고 있는 자식 놈은
찌개 그릇만 들고 나옵니다.

먼저 이승을 뜨신 어머니는
당신의 남편 상에 먹다 남은 찌개를
재차 올리는 법 없이
끼마다 새 찌개를 끓여냈습니다.

새로 끓인 애호박 된장찌개 냄새에
실눈으로 밥상을 살핀 노부가
마지못한 듯 일어나 앉으십니다.

“네 어미는 안 그랬다.
 항상 새 찌개였어.”

매일 점심과 저녁을 죽으로 드시지만
두부찌개라도 자글자글 조린 듯싶게
상 가운데 놓여야 합니다.

"네 어미의 손맛은
이 세상 어디에도 없다."

노부의 찌개 타박은
당신의 아내와 백년해로를 못한
안타까움과 그리움 때문입니다.

부부가 백년해로 이루고 한날한시에 함께 이승을 떠남은 참으로 큰 행복입니다. 찌개타박은 당신의 홀로 살아있음이 안타까운 마음의 표현입니다.

내 말을 거역한 적이 없다

"노란 그 죽은 없냐?
 매콤하니 입맛이 돌더구나."

계란탕에 시큼한 술빵을 드시던 노부
창밖 벚꽃으로 눈길을 돌립니다.

"참 많이도 날린다.
 펑펑 쏟아지는 함박눈 같구나."

바람에 수없이 날리는
꽃잎마다 봄 햇살이 눈부십니다.

창문으로 날아 든 벚꽃을 집으시며
며칠 전에 끓여드린 호박 카레 죽 얘기를
다시 꺼내십니다.

"호박죽 같던데 맵더구나.
 또 없냐?"

대답 없는 자식 놈
곁눈으로 살피다가 누우시며
벽을 향한 노기 찬 목소리에
어머니가 살아 계십니다.

"네 어미는 안 그랬다.
 내 말을 거역한 적이 없어."

매콤한 호박 카레 죽보다
당신의 아내가 더 그리운 노부
그 가슴의 아픔에
자식 놈은 날리는 벚꽃만 바라봅니다.

생전의 어머니가 만드신 아버지의 음식을 모두 매웠습니다. 아버지는 매운 맛의 카레 죽에서 아내를 떠올리며 못내 그리워하시고 계셨습니다.

무덤 앞쪽을 훤하게 터야 한다

"추석이 얼마 남지 않았구나.
언제 가려느냐?"

점심을 드시다가
달력의 음력 날짜를 짚으시며
당신의 아내 묘 벌초 걱정을 하십니다.

해마다 추석 일주일 전에
어머니 산소의 벌초를 하러 갔었지만
올해는 노부의 건강이 염려되어
삼형제끼리만 다녀왔습니다.

"풀이 꽤나 무성할 게다.
무덤 앞쪽을 훤하게 터야 한다."

해마다 자식들과 낫질을 같이 하며
당신의 아내 잠자리를 보살피셨습니다.
하지만 올해는 이미 다녀왔다는 말씀에
점심 드시던 수저를 놓습니다.

"다녀왔다니 할 수 없다만
낫질을 제대로 했는지 걱정이다."

베란다로 나가 밖의 풍경을 바라보며

침묵으로 서 계시는 뒷모습이
강변의 홀로 바람에 나부끼는
가을갈대 같습니다.

"너희들이 내 걱정을 했나보다만
 그래도 서운하고 괘씸하구나."

아내 무덤이라도 보고 싶은
깊고 무거운 그리움 앞에
불효의 고개를 숙입니다.

노부의 가슴은 당신의 아내에 대한 그리움으로 가득 합니다. 꿈에 한 번도 모습을 보이지 않는다며 못된 할망구라고 말씀하시곤 합니다.

잠자리가 편안해야 한다

당신의 아내를
꽃상여에 태워 보내지 못한
아쉬움이 아직도 가슴에 남아있습니다.

네 어미 같은 여자
이 세상에 없다는 말씀 끝에
잠자리가 편안한지 모르겠다며
한숨을 쉬십니다.

"사람은 죽어서도
 잠자리가 편안해야 한다."

어머니 얘기를 자주 꺼내시는
노부의 눈가에 이슬이 비추곤 합니다.
기력이 쇠잔하시다 보니
아내가 더욱 생각나시나 봅니다.

"묘지 뒤쪽은 바람막이가 좋은데
 앞쪽이 마음에 걸린다."

어머니의 묘는 지관이 탐을 낼만큼
청용 백호의 동남향 양지바른 곳이라
한겨울에도 눈이 쌓여 있지 않습니다.

"잣나무가 너무 컸어.
하루속히 베어내거라."

어머니의 산소 앞 조금 떨어진 곳에
잣나무 두 그루가 장승처럼 서 있습니다.

"잣나무가 아깝지만 어쩔 수 없다.
네 어미의 눈길을 시원하게 터드려라."

자식은 어머니 산소를 잊고 사는데 노부는 그렇지 않습니다. 당신의 아내가 쉬고 있는 묘 앞의 잣나무에까지 신경을 쓰시며 항상 걱정이 많습니다.

모진 고생만 하고 갔다

당신의 아내를 잊은 듯
몇 달이고 한 말씀 없으시다
기일이 다가오자 한숨을 쉬십니다.

"홀로 가는 저승길인데
그때 꼭 꽃상여를 태웠어야 했다."

어머니 가신지 10여 년
그러나 노부의 가슴에는
아직 당신의 아내로 살아 계십니다.

세상의 온갖 꽃으로 장식한
수십 명의 상여꾼이 메는 꽃상여로
저승길 보내지 못한 탄식을
오늘도 가슴에 품고 계십니다.

"이승의 마지막인 하관도 못 봤다.
자손들에게 안 좋다는 말 때문이었니라."

지관의 제지로 멀찌감치 떨어져
분봉을 다지는 구성진 소리에
구름만 좇던 그날을 잊지 못 하십니다.

"훗날 만나면 한 마디 들을 게다.

어찌 흙 한 줌 덮어주지 않았냐고."

달력의 음력 날짜를 짚으시다
눈을 감는 노부
혼자 말처럼 중얼거리십니다.

"아무리 생각해 봐도
그 사람은 모진 고생만 하고 갔다."

이젠 그만 잊으실 만도 한데 오히려 어머니, 당신의 아내 이야기를 자주 꺼내시는 걸로 미루어 올 제사 때는 눈물을 보일 듯싶습니다.

아저씨는 누구신데 옆에 있수

소반에는 찐 감자 그릇이
소금 종지와 함께 놓여 있어
노부는 나며들며 한 개씩 드십니다.

"네 어미는 날 감자영감이라고 놀렸다.
매일 감자 쪄내기도 지겨웠을 게다."

당신이 자실 감자 농사를 따로 지어
겨울 몫으로 세 항아리 가득 보관하셨는데
그 책임이 어머니 몫이었습니다.

오늘도 찐 감자를 드실 때마다
이제는 기억이 가물가물한 당신의 아내
우리들의 어머니를 떠올리시나 봅니다.

"감자전도 잘 부쳐냈던 네 어미가
내게 한 마지막 말이 뭔지 아느냐?"

1996년 추석 전 전날 돌아가신 어머니는
여러 지병으로 인해 그 합병증이 심했습니다.
병원에서 마음의 준비를 하라고 한 후에도
얼마 동안 더 견뎌내신 어머니는

가족들을 제대로 알아보시지 못 했습니다.

"지금 생각해도 서운하다.
함께 산 오십년이 무너지는 기분이었느니라."

말씀은 그렇게 하셔도
가슴 속의 그리움이 눈빛에 묻어납니다.

"낯선 외간남자 대하듯 통명스럽게 말하더구나.
아저씨는 누구신데 옆에 있수."

남편뿐만 아니라 아들딸 모두를 알아보시지 못 했던 당신의 아내 마지막 길이 이날까지 안타까움으로 가슴 속에 남아 있으시나 봅니다.

할머니가 보고 싶지 않느냐

손녀의 맞은편에 앉아
십자수 바느질하는 모습을 지켜보는
노부의 눈길이 포근합니다.

"제법 바느질을 하는구나?
그게 뭐냐?"

창가에서 차를 마시는 여인
컬러 프린트의 십자수 밑그림을 보여드리자
수염을 쓸어내리며 아쉬운 눈치입니다.

"네 할머니도 수를 잘 놓았다.
밥상보나 베개니 모두 수를 놓아 썼느니라."

산 위로 붉은 해가 뜨는 풍경
키가 껑충 큰 노란 해바라기 꽃
호수 위에 뜬 오색무지개

"십장생도의 횃댓보는
동네 처자들이 너도나도 배우러 왔었느니라."

고개를 끄덕이시는 웃음 속에

지난 세월이 그리움으로 흐르지만
손녀는 그 마음을 헤아려 드리지 못하고
한 땀, 한 땀 바느질만 합니다.

"옛날에는 바느질이 큰살림이었니라.
옷 양말 고무신 다 꿰매서 쓰고 또 썼다."

당신의 말에 관심이 없는 손녀가
서운하셨는지 군밤을 한 대 때리며 묻습니다.

"애야! 너는 돌아가신
갈골 할머니가 보고 싶지 않느냐?"

손녀의 십자수를 놓는 모습에서 당신의 아내를 떠올린 노부는 잔잔히 웃고 계셨지만 눈빛에는 그리움과 슬픔 가득 했습니다.

당장 어미의 사진부터 걸어라

사진첩 정리를 지켜보시다가
슬그머니 밖으로 나가셨던 노부는
평상시보다 한참 후에 들어오셨습니다.

"네 어미의 큰 사진이 있더구나.
두 아이들 옆에 나란히 걸어라."

초등학생 때의 손자손녀 귀여운 사진이
노부의 방에 두 점 걸려 있습니다.

"지금 당장 전화해라.
모두들 가족사진을 찍어서 보내라고."

옛날 시골집에는
안방과 대청, 사랑방에도 크고 작은
색 바란 흑백사진과 컬러사진이 걸려 있어
가족을 한 눈에 볼 수 있었습니다.

"장남 집에 어찌 부모 사진은커녕
형제들 가족사진조차 걸려 있지 않느냐?"

단단히 화가 나시어 큰기침을 하시더니

벽 쪽으로 돌아누우십니다.

"핏줄만큼 소중한 게 없느니라.
 떨어져 살수록 더 챙겨야 하는 게 형제들이다."

육남매가 한국과 외국에 흩어져 살아
어머니 장례에 오지 못한 큰딸 때문에
속이 상했던 그때를 다시 떠올리셨는지
오늘은 심기가 매우 불편합니다.

"애들 사진을 기다릴 것 없다.
 당장 네 어미의 사진부터 걸어라."

그 동안 많이 참으시며 기다리고 계셨던 모양입니다. 그 기다림이 터지여 부모님과 육남매의 가족사진 한 장 걸어놓지 않은 장남의 게으름에 일침을 가하셨습니다.

네 어미의 침묵은 언제나 무서웠다

앞 뒤 설명이 없는 말씀에
치매가 아니신가 싶어 바짝 긴장합니다.

"네 어미가 보고 싶구나.
살아서 돌아왔으면 좋겠다."

적어도 내가 아는 노부는
어머니를 아내로 존중한 적이 없는
몸종도 그렇지 않다 싶을 만큼
무시하기 예사였습니다.

"네 어미는 천생 여자였다.
그걸 내가 몰랐구나."

당시 대부분의 남편들이 그랬지만
유독 노부는 심하시어 남자란 다 그런 거냐고
어머니에게 여쭸다가 혼만 났었습니다.

"세상을 지내놓고 보니
네 어미 때문에 살았다 싶구나."

비녀머리 달비를 가발장사꾼에게 팔아
식구들 서너 끼 죽을 끓여도 내색하지 않아
쌀에 곰팡이 쓸 줄 아셨다는 허망한 웃음 속에서

삭풍의 뼈 아린 아픔이 묻어납니다.

“내 손으로 양말 한 짝 사 준 적 없다.
 그게 못내 미안하구나.”

어머니를 홀대했던 지난날이 민망하신가,
어두운 눈으로 신문을 뒤적이시다
자리에서 일어서십니다.

“모든 걸 내 마음대로 했다만
 네 어미의 침묵은 언제나 무서웠다.”

살아온 지난날을 돌이켜보면 기쁨보다 아픔이 더 많나 봅니다. 어려운 살림을 꾸리던 아내가 이즈음 더 큰 그리움과 아픔으로 자리하나 봅니다.

어미에게 데려다 다오

구름 한 점 없는
한여름의 뜨거운 하늘로
매미들의 시끄러운 울음소리가 치솟지만
노부는 듣지 못 합니다.

"한번 다녀와야겠다.
날 네 어미에게 데려다 다오."

음식배달의 오토바이가
요란한 소리를 내며 지나가지만
역시 듣지 못 합니다.

"꿈자리가 사납구나.
묘지에 장마 피해가 있는 듯싶다."

귀에 입을 바짝 대고
소리쳐도 항상 엉뚱한 말씀에
눈길과 손짓으로 의사소통을 해야 하지만
조용히 다음 말씀을 기다립니다.

"분봉이 내려앉았으면 서둘러 손봐야 한다.
쥐가 구멍이라도 파면 큰일이다."

긴 장마의 폭우 때에도

한 번도 어머니 산소 걱정을 한 적이 없는
큰 자식 놈은 노부의 눈길을 피합니다.

"묘지는 자주 살펴야 하는데
 아범은 언제 갔다 왔더냐?"

좋아하시는 곶감을 드리며
멋쩍게 웃는 가슴 속에
지병으로 고생하셨던 어머니의 모습이
신기루로 떠오릅니다.

당신의 몸도 가누기 힘들어 하면서 아내의 묘지를 걱정하십니다. 노부의 가슴에는 언제나 저 세상의 아내가 생전의 모습으로 살아 있습니다.

합장을 반대하진 않을 게다

텔레비전의 연속극 장례식 장면에
느닷없이 영정 사진을 준비해 뒀느냐는
말씀을 못 들은 척 외면합니다.

"일 닥쳐서야 허둥거리지 말고
 미리미리 준비해 두어라."

세월을 훨훨 벗어버리셨는가,
장례의 행렬이 장관이라며 부러워하십니다.

"누구나 가는 길이다.
 이왕이면 웃는 얼굴의 사진을 써라."

문상객들과 웃으며 헤어져야
저승의 그 사람도 반길게 아니냐는
말씀에 이번에는 딴청을 합니다.

"묘도 따로 쓰지 말고
 합장을 했으면 좋겠구나."

이미 윤년 해에 준비한
어머니 옆에 누울 당신의 가묘 자리를

이제는 거부하십니다.

"너무 오래 떨어져 있었니라.
부부는 죽어서도 함께 있어야 한다."

어머니 가신지 십여 년
그 동안 노부의 가슴은 아내의 수발이
무척이나 간절하셨던 모양입니다.

"내 자상한 남편은 아니었다만
네 어미는 합장을 반대하진 않을 게다."

영정과 합장, 말씀을 듣는 내내 가슴이 아렸지만 당신의 아내 곁에서 영원히 머무르시려는 그 마음 앞에 부부의 정을 다시 한 번 생각합니다.

제4부
장맛은 햇살 맛이니라

메주 하나
쑬 줄 모르는 자식들
그것을 모를 리 없는 노부
항아리의 뚜껑을 열어보고
어이없는 눈길로
혀를 차십니다.

물과 소금보다 맛있는 건 없다

"시꺼먼 소금은 없냐?
 김장소금 말이다."

찐 감자를 드렸더니
설탕 종지를 밀어내며
굵은 소금을 찾으십니다.

손녀가 냉큼 베란다의 항아리에서
굵은 소금을 가져다 드립니다.

"찬 물도 가져오너라.
 찐 감자는 찬물을 마시며 먹어야
 구수한 맛을 제대로 느낀다."

이번에도 손녀가 냉큼 일어나
찬물을 가져다 드립니다.

"세상에서 가장 맛있는 게
 뭔지 아니?"

이십대 초반의 손녀는
자기가 좋아하는 음식 이름을 죽 나열하다
할아버지의 얼굴을 쳐다봅니다.

고개를 저으며
얼굴 가득히 미소를 머금은 노부
찬물 한 모금 마시고 굵은 소금을 살짝 찍은
감자를 한 입 깨물며 손녀에게 손짓합니다.

손녀는 할아버지의 흉내를 내다
소금을 너무 많이 찍었는지
얼굴을 찡그립니다.

"세상에서 가장 맛있는 게
 물과 소금이다."

보리차보다 냉수를 좋아하십니다. 정제하지 않은 소금과 물의 맛이 세상의 어떤 음식보다 으뜸이며, 건강을 지키는 보약이라고 말씀합니다.

술만큼 어려운 음식이 없구나

예나 지금이나 주당들은
술 한 섬을 짊어지고는 못 갈망정
마시고는 간다고 큰소리칩니다.

"참 많이도 마셨느니라.
밥보다 술이 더 좋았다."

한 세기를 살아오신 노부에게도
술과 얽힌 이야기들이 참으로 많아
비록 어려운 시대에 사셨지만
낭만을 즐기셨다 싶습니다.

"술친구를 가리지 않았다만
객기부리는 사람은 피했느니라."

주량을 넘어서서는 안 되고
인신공격을 해서도 안 되고
혼자 큰소리로 떠드는 것도 안 되며
이 정도도 못 지키면 술꾼이 아니라
하십니다.

때로는 울분으로 아우성치고
기분 좋아 노래를 부르는 게 술인데…….
그래야 술맛이 나는데

내심 반기를 듭니다.

"취기를 못 이겨 주저앉는 것은
 술에 대한 모독이다."

술의 멋은
분수를 지키는 취기에 있고
앉고 일어설 때를 아는 것이라며
웃으시는 눈가에 지난 세월이 흐릅니다.

"팔순이 넘어서야 술의 참맛을 알았으니
 술만큼 어려운 음식도 없구나."

젊어서는 말 그대로 두주불사였습니다. 새벽에 눈을 뜨시면 우선 큰 사발의 막걸리 한 잔을 단숨에 비우시고 소먹이 꼴을 베러 나가셨습니다.

아예 속살을 도려내는구나

감자 껍질을 깎던 손녀가
칼질을 멈추자 군밤 한 대를 때립니다.

"껍질을 깎는 게 아니라
 아예 속살을 도려내는구나."

할아버지의 군밤과 핀잔에
손녀는 배시시 웃으며 얼굴을 붉힙니다.

"허허 이놈 봐라.
 그래도 창피한 줄은 아나보네."

돌아가신 어머니는
감자 껍질을 숟가락으로 벗겼습니다.
머리가 반쯤 닳은 숟가락은
속살 한 점 베어내지 않았습니다.

감자 껍질을 벗기는 숟가락은
수저통에 들어있지 않고
식칼 옆에 놓여 있었습니다.

"먹는 게 흔해도 그렇지.
 속살 아까운 줄 모르면서 어찌 시집 가냐?"

시집 안 간다고 삐쭉 거렸다가
군밤만 한 대 더 맞은 손녀는
다시 생글거리며 감자껍질을 깝니다.

여전히 못마땅한 얼굴로
손녀의 칼질 솜씨에 혀를 차던 노부
화살의 방향을 돌립니다.

“재 좀 제대로 가르쳐라.
저 솜씨로는 시부모 눈총받기 딱 맞다.”

노부는 지난 시절 겪었던 먹을거리의 부족과 가난 때문이기도 하지만 평생을 농사꾼으로 살아오셨기에 농산물에 대한 애착이 남다르십니다.

조선간장이어야 제 맛이 나니라

양념한 양조간장으로
도토리묵 국수를 말았습니다.

어머니가 여름이면
당신의 남편 상에 올렸던 도토리묵 국수는
별식으로 이웃 분들에게도 인기였습니다.

"공연히 묵만 버렸구나.
간장 맛이 영 글렀다."

도토리묵 국수를 맛보신 노부가
혀를 끌끌 차시며
젓가락을 내려놓습니다.

"조선간장은 없냐?
메주 간장이어야 맛이 깊다."

어머니가 돌아가신 후
양조간장으로 음식 간을 맞추어
아이들도 그 맛에 익숙합니다.

"양조간장은 달기만 했지.
담백한 맛이 없어 입에 붙지 않는다."

평상시 노부의 상에는
양조간장 종지를 올리지 않습니다.
그러나 오늘은 토종 도토리로 쑨 묵이
너무도 맛이 있어 얼음물 국수를 말았습니다.

얼음물에 양조간장을 살짝 쳤기 때문에
맛의 큰 차이가 없을 거라 믿었는데…….
민망스러운 손길로 다시 권합니다.

"됐다. 치워라.
조선간장이어야 제 맛이 나니라."

메주 간장은 맛이 담백하면서도 깊습니다. 도토리 묵 등 전통음식은 조선간장으로 간을 맞춰야 그 고유의 독특한 맛을 즐길 수 있습니다.

걸쭉한 시골 막걸리는 없나

"냄새가 고소하구나.
 무슨 지짐이냐?"

식탁에 앉으시는 노부
하얀 그릇의 배추 물김치와
시골에서 사온 조선간장 맛을 보십니다.

"네 어미는 고추장떡도 잘 부쳤느니라.
 간간하면서도 얼얼하게 매웠다."

서둘러 한 소당 부쳐내고
다시 얇게 부친 애호박 지짐이를
김밥처럼 잘라 한 접시 놓아드립니다.

지짐이 첫 젓가락에
활짝 웃으시는 노부
긴 수염이 박꽃보다 더 하얗습니다.

"네 어미의 손맛보다 낫구나.
 걸쭉한 시골 막걸리는 없나?"

평생을 한복으로 사신
아버지의 술 수발에 지극정성이셨던
어머니의 조용한 눈웃음이

바람처럼 다가옵니다.

"꿈에도 보이지 않는 걸 보면
갈골 산소가 편안한가 보다."

좀처럼 당신의 아내 얘기를 깨내지 않으셨는데
오늘은 지짐이 손맛에 산소까지 이야기하심은
그만큼 그리움이 더욱 깊어지셨나 봅니다.

아버지는 어머니가 술상 곁을 비우는 것을 싫어 하셨습니다. 어머니도 술 수발에 싫은 기색 없이 조용히 웃기만 하던 모습이 눈앞에 선합니다.

이 애비가 귀신인가 보구나

환절기에 입맛을 잃으시어
무와 두부로만 끓인 국을 드렸더니
참으로 한심하다는 표정이십니다.

"웬 제례 소탕이냐?
이 애비가 귀신인가 보구나."

쇠고기와 파, 다진 마늘을 넣으면
텁텁할 것 같아 소금 간을 한 무·두부국이
제례 음식 소탕이었습니다.

서둘러 소탕 그릇을 치우려 하자
수저로 가로 막는 노부

"제상은 제대로 올리는지 모르겠다.
소탕이 뭔지 모르는 인사가 오죽하겠나."

핀잔 끝에 웃으시며
고춧가루를 가져오라는 말씀에
민망스러운 자리를 모면합니다.

참치 죽에
무와 두부의 담백함이 어울려
입맛 돋울 것으로 믿어 끓인 국이

제례 음식이라니 당황스러웠습니다.

제례 음식이 유난히 까다로운 것은
정갈한 정성으로 조상님들을 모시게 하여
사후에도 생전처럼 효를 행하게 함인데
그 뜻을 몰랐던 부끄러움이
밀물로 밀려들며 포말을 일으킵니다.

"소탕은 기일에만 올리고
설날에는 떡국을 놓는 법이다."

입맛을 되찾아 드리려던 무·두부국이 노부의 기분만 언짢게 했습니다. 무·두부국인 소탕은 제례 음식이라는 가르치심에 얼굴을 붉혀야 했습니다.

식으면 맛이 없느니라

"어지럽구나.
 내일하자."

목욕 얘기만 나오면
어지럽다는 핑계로 자리에 눕습니다.
처음에는 난감하다 못해
어찌 할 수 없어 화가 났었습니다.

"이게 무슨 냄새냐?
 참 고소하다."

못 들은 척 김치전을 부치며
딴청을 합니다.

"한 소당 다오.
 뜨거울 때 먹자."

목욕한 후 드시라는 퉁명스러운 말로
못마땅한 표정의 노부를 일으켜 세워
욕실로 모시고 들어갑니다.

"지짐이는 뜨거울 때 먹어야 한다.
 식으면 맛이 없느니라."

노부의 목욕은 작은 전쟁입니다.
물이 너무 뜨겁다, 차다, 눈이 쓰리다
온갖 실랑이로 욕실이 시끄럽습니다.

"맛있구나.
참 잘 부쳤다."

마침내 목욕 후 당신의 방에서
새로 부친 김치전을 드시며 웃으시는
한 세기를 사시어 오히려 아이가 되신 노부
가슴이 아리고 저려 외면합니다.

노인들은 목욕을 싫어합니다. 목욕을 하시자고 하면 벽쪽을 향해 돌아누우시기 예사입니다. 목욕을 도와드려도 힘에 부치고 어지럽기 때문입니다.

장맛은 햇살 맛이니라

"항아리가 있구나.
저긴 뭐가 담겼냐?"

베란다의 책장 옆에
어머니가 쓰시던 작은 옹기항아리 하나
덩그러니 놓여 있습니다.

빨간 고추장이 가득 했었으나
어머니가 돌아가신 후 빈 항아리가 되어
지금은 이런 저런 잡다한 물건들이
거미줄과 함께 들어 있습니다.

"햇볕이 들지 않으니
간장이라도 상하겠다."

옛날 시골집의 장독대는
종일 햇볕이 드는 양지 바른 곳에 있어
간장 된장 막장 고추장이
따가운 햇살에 맛이 깊을 대로 깊어져
풋고추를 찍어도 고기반찬이었습니다.

"장맛은 햇살 맛이니라.
햇볕 바른 곳으로 옮겨 놓아라."

차마 당신의 아내가 쓰던
이제는 빈 항아리라는 말씀을
드리지 못 하고 민망한 표정을 짓습니다.

메주 하나 쑬 줄 모르는 자식들
그것을 모를 리 없는 노부
항아리의 뚜껑을 열어보고
어이없는 눈길로 혀를 차십니다.

"이게 다 뭐냐?
장항아리가 아니라 쓰레기통이구나."

베란다에 놓인, 어머니가 사용하던 항아리에 당연히 된장이든 간장이든 담겨 있을 줄 아셨던 노부의 눈길은 기가 막혀 차라리 외면하셨습니다.

친정아버지가 보고 싶다더라

무더운 일요일의 오후,
딸기와 빵 봉지를 들고 들어오시며
아들 눈치를 살핍니다.

"거절해도 막무가내로 주더구나.
 친정아버지가 보고 싶다면서 말이야."

노부는 아파트 입구의 의자에 앉아
들고나는 사람들을 구경하길 좋아 하시어
때로는 모시러 나가야 합니다.

이런 노부에게 이웃들이
먹기 편한 바나나나 딸기를
촉촉하고 말랑말랑한 제과점 빵을 드려
안고 들어오시는 경우가 종종 있습니다.

"아범 말대로 싫다고 해도
 자꾸 안겨주는데 어떻게 하나?"

이웃들에게 폐 끼치는 것 같아
받지 마시라 당부의 말씀을 드리지만
번번이 거절하지 못하십니다.

"내 다시는 안 받으마.

약속하마."

시원한 수박화채 그릇 옆에
어느 부인의 친정아버지 그리움이 스민 빵을
한 접시 놓아드립니다.

"그 집에 이 화채 좀 갖다 주자.
받아먹기만 해서야 어디 그게 사람이냐."

노부는 친정아버지가 보고 싶다며 과일 등을 안겨 주는 이웃 부인들의 정을 뿌리치시지 못합니다. 외국에 사는 세 딸의 그리움 탓인가 봅니다.

빈 그릇으로 보내는 게 아니다

감자를 사러 나갔던 사이
아파트의 누군가가 애호박전 한 접시를
식탁에 가져다 놓았습니다.

아직 따끈한 애호박전을
드시기 좋게 잘라 노부에게 드립니다.

"젊은 아낙이 가져왔다.
 여자애도 따라왔는데 참 귀엽더구나."

엄마를 따라온 여자아이가
인사성도 밝다며 호박전을 맛있게 드십니다.

150세대가 사는 15층 고층아파트
몇 층, 몇 호의 주부가 가져왔을까
정이 넘치는 그 젊은 부인을
어찌 찾을까 궁리를 합니다.

"한 번도 본 적이 없는 여자이다.
 어디가 아픈지 빼빼 말라 안쓰럽더구나."

아파트 입구 알림게시판에
101호 할아버지에게 애호박전을 주신 분은
연락 달라 전화번호를 적어놓습니다.

일전에도 토마토를 주신 고마운 분을
알림게시판 메모로 찾은 적이 있어
이번에도 기대를 합니다.

"음식을 받았으면
빈 그릇으로 보내는 게 아니다.
찐 감자라도 담아라."

바로 옆 호에 누가 사는지
모르는 부끄러움에
감자 찌는 불길을 키웁니다.

우리는 아름다운 미풍양속의 정을 잊고 산지 오래입니다. '음식을 받았으면 빈 그릇으로 보내는 게 아니라'라는 말씀에 어린 시절을 떠올립니다.

밥알이 곤두서야 힘을 쓰느니라

아침상으로
우유와 콩가루, 계란으로 끓인 수프와
막걸리로 발효시켜 만든 야채 빵을
한 접시 드립니다.

"조반상이 왜 이러냐?
난 미국 사람이 아니다."

연세가 워낙 높아
틀니조차 불편하시어 점심 저녁은
곰 끓인 야채 죽을 드십니다.

김치도 잘게 다지고
감자나 애호박 반찬까지도
잇몸으로 드실 수 있도록 푹 익힙니다.

"이가 한 개도 없다만
질은 밥은 먹을 수 있겠구나."

말씀은 그렇게 하셔도
체기로 소화제를 드셔야 합니다.

"이가 몽땅 빠질 때까지 살았으니
어지간히 오래 살았다."

질은 밥을 찾으셨다가 약 드신 민망함을
세월로 털어버리시던 노부의 얼굴에서는
인생무상의 허망함이 묻어납니다.

요즘은 텔레비전을 보시며
수프와 빵을 아침으로 맛있게 드시지만
그래도 서운하신지 매번 같은 말씀을 합니다.

"사람은 말이다.
밥알이 곤두서야 힘을 챙기느니라."

아침에는 수프와 빵으로, 점심 저녁은 야채 죽을 드십니다. 몇 년째 그렇게 드시니 질력이 나시는가, 근래 '곡기(쌀밥)' 얘기를 많이 하십니다.

새벽공기가 생명을 살찌운다

새벽 네 시 반이면
비가 내려도, 눈이 와도
어김없이 밖으로 나가십니다.

아파트 화단의 장미꽃 앞에서
큰 기지개로 새벽공기를 마시며
하루를 맞습니다.

"사람은 새벽공기를 마셔야
 건강하게 오래 산다."

올해 98세인 노부
지난겨울 감기 없이 보내시더니
팔월 찜통더위에도 잘 견디십니다.

무더위로 입맛 없다는 손녀를
야단칠 만큼 입성도 거뜬하십니다.

"해가 똥구멍 찌를 때까지 자는데
 돼지인들 밥맛이 있겠냐?"

입을 삐죽 내미는 손녀에게
군밤 때리는 손짓을 하며 웃으시는 노부
늦은 아침그릇을 다 비우셨습니다.

"입으로 먹는 것도 중요하지만
가슴으로 먹을 줄도 알아야 한다."

말귀를 못 알아듣는 손녀에게
당부하듯 말씀합니다.

"맑고 깨끗한 새벽공기는
모든 생명을 건강하게 살찌워 주니니라."

노부의 새벽공기 예찬은 예나 지금이나 변함없습니다. 학창시절, 일요일 새벽이면 꼴을 한 짐씩 베게 하는 것으로 자식의 건강을 챙기셨습니다.

바위도 소화시킬 녀석이다

"먹을 것이 지천이구나.
 넉넉해서 참 좋다."

매주 토요일에 왔다가
일요일 오후에 직장으로 돌아가는
큰 손자의 입맛을 맞춘 음식에
노부가 더 좋아 하십니다.

"객지에서 뭘 제대로 먹겠냐?
 배불리 먹여서 보내어라."

감자 고구마 부침 등
골고루 담아 소반에 놓아드리니
음식 그릇을 밀어내십니다.

"애나 많이 먹여라.
 난 생각이 없다."

찬밥 한 숟가락이라도
더 먹이고 싶은 게 손자라더니
음식이 충분한데도
노부는 고개를 저으십니다.

"바위도 소화시킬 녀석이다.

어지간해서는 양도 안 찰 게다."

손자가 선물한 등산용 지팡이를 짚고
나가시려다 서운한 표정을 지으십니다.

"녀석이 좋아하는 돼지갈비찜은
그건 왜 안 하냐?"

준비할 거라는 대답에
고개를 끄덕이시며 나가시는 발걸음이
어느 때보다 가볍습니다.

자손은 애물단지인 모양입니다. 토요일마다 큰 손자를 기다리는 노부는 조바심으로 문밖을 들락거리시며 거실의 벽시계를 쳐다보시곤 합니다.

녀석들 얼굴들이 안개 같다

길자 화자 병학이 병열이 순자
다송이 상아 세미 지연이
아들딸과 손자손녀 이름을
암송하듯 차례로 불러보십니다.

"다들 잘 있는지 모르겠다.
언제 다녀간다는 얘기 없더냐?"

세 딸은 미국에,
두 아들은 지방에 살고 있어
자주 찾아오지를 못 합니다.

자식들은 그렇다 치고
해바라기처럼 쑥쑥 크는 손자손녀들을
몹시 그리워하십니다.

"애들을 언제 봤더냐?
누가 누군지 알아볼까 모르겠다."

떨어져 사는 자식들과
손자손녀의 얼굴을 떠올려 보시는지
잠시 눈을 감고 계시다가
안타까운 표정을 지으십니다.

"자식 놈들이나 애들 모두
 얼굴들이 안개 속에 묻힌 것 같다."

자식들과 아이들 얼굴이
잘 기억나지 않자 화가 나시는지
베란다로 나가십니다.

"아프다고 전보를 치면
 그렇게 하면 안 되냐? 아범아!"

텔레비전을 보시다가 화목한 가정의 모습이 나오면 자식들과 손자손녀의 이름을 차례로 불러보는 노부를 볼 때마다 핏줄 사랑을 새삼 헤아리곤 합니다.

이 지팡이가 더 좋구나

"날씨가 참 쾌청하구나.
바람 좀 쐐마."

현관의 신발장 옆 질항아리에
두 줄기가 휘감긴 등나무지팡이와
등산용 지팡이가 나란히 들어 있습니다.

등나무 지팡이는
당신 아내의 묘가 코앞인 산촌에 계실 때
손수 만든, 산 냄새가 짙습니다.

등산용 지팡이는
큰 손자가 선물한 것입니다.

"등나무보다 이 지팡이가 더 좋구나.
가볍고 짚기도 편하다."

바깥바람 쐬실 때마다
등산용 지팡이만 애용하십니다.
당신이 손수 만든 등나무 지팡이는
천덕꾸러기로 질항아리에 꽂혀 있습니다.

"등나무 지팡이는 볼품이 없다.
부러질까 불안도 하고."

등나무 지팡이를 건네 드리면
엉뚱한 핑계로 밀어냅니다.

"큰애가 보고 싶구나.
언제 오냐?"

큰 손자의 얼굴을 어루만지듯
등산용 지팡이를 서너 번 짚어보신 후
큰 기침으로 나가십니다.

큰 손자가 등산용 지팡이를 선물하기 전에는 당신이 손수 만든 등나무 지팡이를 애용하셨습니다. 그러나 지금은 등산용 지팡이만 고집하십니다.

홍시는 손대지 말거라

"언제 오냐?
 왜 이리 늦냐?"

삶은 고구마 옆
홍시 두 알
소반에 가을이 넘칩니다.

"너무 늦는구나.
 애들 단속 좀 해야겠다."

아이들 마중을 나가는 노부
자식교육이 못내 못마땅합니다.

방범등 불빛이 흐르는
텅 빈 아파트단지의 어린이놀이터 앞에서
손자와 손녀를 기다리는
지팡이 짚은 두 손이 힘겹습니다.

그만 들어 가시자는 말에
아파트로 들어오는 길목을 살피며
퉁명스럽게 밀어냅니다.

"좀 더 기다리마.
 홍시는 손대지 말거라."

이웃 어느 분의 정(情)이었나
노부에게 건넨
홍시 두 알

손자손녀 몫으로 소반에 올려놓고
가슴 끓이는 기다림…….

노부의 사랑은
깊이를 알 수 없는 강입니다.
바다입니다.

우리 육남매에게 그토록 퍼주시고도 아직도 넘치는 사랑을 손자 손녀에게 베푸시는 노부에게 효를 다하지 못 하고 있어 한없이 죄송스러울 뿐입니다.

그 흰머리 염색 좀 하시게

백수(白壽)에 가까워지면
까만 머리카락이 난다고 하더니
노부가 바로 그렇습니다.

"내가 살긴 오래 살았나 보다.
 이 머리카락 좀 보거라."

수염은 눈처럼 하얗데
뒷머리의 머리카락이 까맣게 자라
노부 당신도 신기해 하십니다.

까만 머리카락을 앞으로 당겨
한 올, 한 올 살펴보는 노부의 얼굴에
흐뭇한 웃음이 넘칩니다.

"수염도 까매졌으면 싶다.
 저 세상의 어르신들이 좋아하실 테니까."

검은 머리카락 때문에 기분이 좋으신지
오늘은 농담까지 하십니다.

거실의 큰 거울 앞에 서서
뒷머리를 돌려보시다가
허허 웃으십니다.

"검은 머리가 꼭 무 장다리 같구나.
아범이 보긴 어떠냐?"

딴청을 하는 아들에게
기어이 관심을 끌려는 노부의 물음에
그냥 하얀 머리가 점잖고
기품 있어 보인다고 어깃장을 놓습니다.

"그럼 아범도 기품 있게 보일러고
흰 머리에 흰 수염이냐?
보기 싫으니 염색 좀 하시게."

수염이 하얀 노부는 뒷머리에 나는 검은 머리카락을 매우 자랑스러워하십니다. 자식의 흰 머리카락은 불효라며 염색하라고 핀잔을 주십니다.

내일은 사람 조심해라

늦가을의 새벽 추위에 좇기는
귀뚜라미 몸짓이었을까?
자홍나무 낙엽 지는 소리였나.

꿈결 같은 바스락거림에 눈을 뜨니
노부 얼굴이 어둡습니다.

"내일은 사람 조심해라.
손재수가 크구나."

자식 놈 내일의 운이 못내 걱정되어
다시 신중하게 화투 패를 떼시며
긴 한숨을 내쉽니다.

비녀머리에 치마저고리의 어머니는
새벽마다 정화수로 자식 성공 비시더니
노부는 자식 놈 화투 패 운세에
근심걱정이 태산입니다.

"왜 이리 손재수패만 떨어지냐?
돈벼락 패는 영 안 떨어지는구나."

노부의 탄식은
아침 해오름까지 이어지다

자식 놈 출근길에 신신당부할 겁니다.

"아범아!
 사람 조심하라는 말 잊지 말거라."

노부의 옆에서
등 돌려 눕는 가슴
하얗게 부서지며 빠저립니다.

부모님의 자식들에 대한 크고 작은 걱정은 그 끝이 없습니다. 그러나 우리 자식들은 그 깊은 부모님 사랑을 너무 쉽게 잊고 삽니다.

어찌 밤낮 그 모양이냐

"다리는 왜 저냐?
 삐었느냐?"

약수터를 다녀오다가
헛디뎌 발목을 다쳤습니다.
백수가 눈앞인 노부가
큰일이라도 난 듯 허둥거리십니다.

괜찮다며 짐짓 뛰어보는 척 하다
왼쪽 발목에 파고드는 통증으로
주저앉을 뻔 했습니다.

"죽은피를 빼야 빨리 낫는다.
 어서 침 잘 놓는 한의원에게 가자."

어지럽다고 누워계시던 노부는
황망히 신발장 옆의 지팡이부터 챙깁니다.
자식은 육십이 넘어도 철부지라더니
여전히 약골의 작은 아이였습니다.

"아범은 어찌 밤낮 그 모양이냐?
 아프지 않으면 다치고."

현관을 나서려는 노부를

식탁으로 모셔 물을 한 컵 드립니다.

"정말 괜찮은 거냐?
 큰 탈 없겠느냐?"

안도의 한숨을 내쉬시다가
지팡이로 때리려는 시늉을 하십니다.

순간 움츠린 온 몸 속으로
끝없이 파고드는 노부의 자식 사랑에
죄스러워 고개를 숙입니다.

부모의 자식 사랑은 그 끝이 보이지 않습니다. 설사 세월의 흘러 지난날의 당신 삶은 잊으셔도 자식 사랑은 조금도 변함이 없습니다.

제5부

아버지가 그리워하십니다

아버지의 잠자리 자리끼 옆에
옥색치마저고리로 평생을 보내신 어머니
당신의 젊은 시절 사진을 놓아드려야
그래야 할까 봅니다.

아버지가 그리워하십니다

하루빨리
갈골의 마누라 곁으로 가야 한다는
당신의 남편과 다퉜습니다.
아버지는 소반을 밀어내고,
아들은 홧김에 상을 치웠습니다.

아침부터 꾸물거리던 하늘,
온종일 천둥치며 비가 옵니다.
베란다에서 흰 수염을 날리며 헛기침만 하시던
당신의 영감님이 도토리묵 열무국수에 눈을 흘깁니다.

"도토리묵 국수는
 통골 밤나무샘 찬물에 말아야 제 맛이 나니라."

북쪽의 함경북도 청진은 본향이고
남쪽의 화전민촌 통골이 고향이라며
말끔히 비운 국수그릇 하얀 사발이 어머니 같습니다.

아버지의 잠자리 자리끼 옆에
옥색치마저고리로 평생을 보내신 어머니
당신의 젊은 시절 사진을 놓아드려야
그래야 할까 봅니다.

99세가 되신 올 들어

봄이 지나 여름 볕이 깊어지면서
부쩍 당신 얘기로 웃음 짓는 눈시울에
눈물이 여울집니다.

어머니
노부(老父)의 젖은 눈시울에서
참 사랑이 무엇인가 조금씩 깨달아 갑니다.

부부 사랑은 뜨거운 열정이 아니라
홀로 되어서도 천년만년 가슴에 담는
그리움임을…….

어머니 돌아가신지 십여 년. 그만 잊으실 만도 한데 오히려 당신의 부인을 그리워하는 말씀이 부쩍 늘었습니다. 세월이 아무리 흘러도 노부에게 어머니는 영원한 사랑인가 봅니다.

비오는 날이면 더욱 그립습니다

평생을
쪽머리에 한복으로 사셨던 어머니는
장독대 항아리들이 보물단지였습니다.

일 년 열두 달
이른 아침마다 제일 먼저 손길 주는 것은
장독대의 크고 작은 항아리들이었습니다.

조심스럽게 뚜껑을 열어
아침 햇살을 항아리마다 가득 담으며
참숯 몇 개 떠 있는 간장
눈부시도록 새빨간 고추장
잘 여물은 호박색 된장
오이 무 고추가 장아찌로 박힌 막장까지
일일이 약지로 맛을 보는 어머니의 입가에는
잔잔한 미소가 흘렀습니다.

유난히 채송화를 좋아하셨던
고향이 북쪽이신 어머니는
이틀거리 여행 한 번 떠나지 못 했습니다.

"장맛은
 맑은 햇빛으로 익혀야 혀끝에 붙는다."

당신의 손으로
장항아리 뚜껑을 열고 닫아야
안심하셨던 어머니가
비가 오는 날이면 더욱 그립습니다.

장마철이면 하루에도 수십 번씩
장항아리 뚜껑을 살피시던 어머니의 모습이
빗줄기 속에 신기루로 떠올라 눈앞이 흐려집니다.

어머니가
보고 싶습니다.
비가 오는 날이면 더욱 간절히…….

노부의 눈 속에서 어머니를 봅니다. 화전민촌 초가삼간에서 장독마다 정성스러운 손길을 주시던 어머니가 노부의 눈 속에 있습니다.

십자수의 바늘 끝

내일 당장 신고 나갈
식솔들의 구멍 난 양말을 꿰매시던 어머니가
새벽녘 호롱불 아래서
십자수를 놓고 계신 걸 보았습니다.

"봄이구나.
식구들 베갯모를 꽃무늬로 바꿔야겠다."

어머니는 지금 이 세상에 계시지 않습니다.
그러나 밥상보에서부터 횃댓보에 이르기까지
무엇이든지 바늘과 실로 가꾸시던 모습은
저에게는 아름다운 기억이 아니라
삶의 가르침으로 오늘도 제 곁에 있습니다.

어쩌면 십자수는
이 땅의 모든 어머니들의 한(恨)일는지 모릅니다.

아무리 큰 어려움이 있더라도
좌절하지 않고 다소곳 순응하며 견뎌내는
손끝을 찔러 자지러지면서도
다시 바늘에 정성을 쏟는 것처럼
끝까지 이겨내야 할 삶의 표현이
십자수일는지 모릅니다.

때문에 저는
십자수 작품의 예술성보다
그것을 이루어내는 여인의 마음과
손끝을 더욱 사랑합니다.

저의 어머니처럼
가난의 한을 풀어내는 한 땀, 한 땀이었지만
밥상보에서부터 횃댓보에 이르기까지
여인들의 가족 사랑이
배이지 않은 곳이 없기 때문입니다.

밤늦도록, 새벽에도 어머니의 손에서 바늘이 떨어진 줄 몰랐습니다.
바늘은 어머니의 손가락이었으며 가족의 따뜻한 옷이었습니다.

어머니의 식솔 사랑

"호박 백설기가 맛있구나.
먹고 공부해라."

책이 흩어져 쌓여 있는 사과상자 책상 끝자락에
이빨 빠진 떡 그릇 놓아주신 어머니는 바느질을 하십니다.

"날 새려면 멀었다,
더 자거라."

허리가 휜 바늘, 가난이 찌든 골무를 끼고
호롱불의 심지 돋우며 바느질로 새벽 여시던 어머니는
자식 놈의 기척에 잠을 더 재우십니다.

헝겊을 덧대고 덧대어 깁고 기워
헌 버선 같은 나일론 양말에 배인 어머니의 숨결은
이불 속으로 파고드는 아침햇살이었습니다.

오늘은 잡고 싶어도 잡을 수 없는
어머니의 바느질하시던 손이 더욱 그리워
거리로 나섭니다.

평생을 바늘로 사신 어머니 손길이 아리도록 그리워
크고 작은 바늘 한 쌈, 꽃잎보다 고운 골무를 사며

젖어오는 눈시울을 감춥니다.

지난날의 어머니들은 바늘 하나로
온 식솔들의 옷을 지켜냈습니다.
가죽으로 만든 골무조차 귀했던 시절,
바늘에 찔려 까맣게 피멍이 가실 날 없으셨던
어머니의 손가락이
오늘 따라 더욱 선명하게 떠오릅니다.

저희 육남매의 어머니도
여느 어머니처럼 가히 바늘 하나로
못 만드는 옷이 없으셨던 만능 패션디자이너였습니다.

거리에서, 지하철에서 할머니들의 손을 보면 어머니가 떠오릅니다.
어머니는 쪽 머리에도, 저고리 앞섶에도 바늘을 꽂고 사셨습니다.

어머니도 용서하실 겁니다

저는 지금 두릅과 돌나물 물김치로 백수(白壽)의 아버지 몰래 술 한 잔 하며 어머니의 아버지 사랑을 떠올리고 있습니다. 어머니는 당신의 낭군을 위해 철따라 철에 맞는 안주를 준비하시어 술상을 내곤 하셨습니다.

어머니는 봄의 향기가 짙은 사월에는 참두릅과 취나물 새 순으로, 오월 중순쯤에는 돌나물 물김치에 부추전으로 낭군의 술맛을 돋우셨습니다. 유월과 칠월에는 애호박과 햇감자 전으로, 불볕더위 팔월에는 삼계탕으로, 구시월에는 산나물로 소박한 술상을 차려냈습니다.

어머니는 당신의 낭군이 두 되들이 막걸리 주전자를 다 비울 때까지 곁을 뜨지 않고 행여 안주가 입맛에 맞지 않을까, 조심스러운 미소를 잊지 않으셨습니다.

평생을 한복에 쪽 찐 머리로 살다 가신 어머니 손맛만큼은 될 수 없지만 그래도 흉내라도 냈을까 싶어 돌나물 물김치와 두릅 데침에 소주 한 잔 하다 슬그머니 눈물을 감춥니다.

맛이야 어찌됐던, 옛 막걸리가 아닌 듯 어떠하겠습니까? 작은 소반에, 두릅 데침과 돌나물 물김치를 정갈한 하얀 그릇에 담아 아버지에게 술 한 잔 올리고 싶습니다. 그러나 아버지가, 당신보다 먼저 이승을 떠나간 아내를 떠올리며 가슴 아려하시면 어찌하나. 그것이 너무 조심스럽습니다.

"네 어미 같은 여자 이 세상에 없느니라."
요즘도 가끔씩 말씀하시는데……. 아무래도 술상보다 뜨거운 목욕을 시켜드리고 좋아하시는 묵은 김치 부침을 한 소당 부쳐드리는 것이 좋을 듯싶습니다. 건강이 좋지 않은 아버지가 아내 그리움에 가슴 아파하시며 돌아누우시는 날이면 달래드릴 방법이 없기 때문입니다.

어머니가 그리워 난전에서 바늘과 골무를 산 후 장을 본 봄나물은 노부 반찬으로 내고 두릅 데침과 돌나물 물김치로의 취함은 아들인 저 혼자 하렵니다. 골무 없이 바느질하다 손끝을 찔려 이슬처럼 배어 나오는 피를 입으로 빠시던 어머니도 그런 자식 놈의 마음이 옳다고 미소로 고개를 끄덕이시며 저 세상에서 용서하리라 믿습니다.

어머니의 남편 사랑은 헌신을 넘은 목숨 같은 것이었습니다. 어머니의 생은 오직 당신의 사랑, 아버지가 전부였습니다.

꿈에 오시렵니까

육십이 넘으면서
잦은 몸살로 신열이 뻗치더니
흔들리는 앞니 하나

성한 곳 없는 입안
잇몸도 부실한 둔덕입니다.

그까짓 이 한 개
미련 없이 뽑아 지붕위에 던지고
번쩍거리는 금니로 바꿔?

문득 터지는 웃음,
그 끝자락에 어머니의 애창곡을 부릅니다.

-녹수청산은 변함이 없건만
 우리 인생은 나날이 변한다
 이래도 한 세상 저래도 한 평생

삯바느질로 지킨
어머니의 가난한 핏줄 사랑
포근한 미소에 기대어 밤하늘을 우러릅니다.

하늘의 별이
생전의 어머니가 감춘 눈물처럼

보이는 듯 보이지 않습니다.

"사내 녀석이 그깟 일로 울어?
 태산이 무너져도 버티고 서야지."

어린 시절 눈물 많은 아들을
잔잔한 눈 흘김으로 안아주시던 어머니
벚꽃 만개한 오늘밤
따뜻한 그 눈길로 꿈에 오시렵니까?

나이가 들면 세상살이는 물론 부모님에 대한 그리움도 넉넉한 마음으로 받아들일 줄 알았는데 그게 아니었습니다. 마치 어린아이로 돌아간 듯 더욱 간절합니다.

어머니의 바늘사관

이제는 꿈결입니다.
유년의 기억들…….

커다란 함지박 머리에 이고
논둑을 걸어가는 어머니의 뒤를 따라가다
물꼬를 건너지 못해 발 구르며 울던 아이
어느새 반백의 세월 속에서 어머니를 찾습니다.

"쯧쯧 어찌 하노?
그 놈 사람노릇 할까 모르겠다."

이웃 할아버지의 혀 차는 소리에
약골 아들 치마로 감싸며
죄인으로 고개 숙이시던 어머니

체기로 토할 때마다
바늘로 다섯 손가락의 사관을 따주며
맺히는 핏방울이 안쓰러워
이마를 맞대고 소리 없이 눈물 흘리시더니

"이 바늘이 너희들 애비 살렸다.
술독쯤이야 간단하다."

바늘 사관이 약골 아들 살렸다고 믿었던

작은 체구의 어머니.
어른이 된 자식 숙취로 속 거북할 때
손자손녀에게 팔 잡게 한 후 바늘 들고 웃으셨습니다.

저 세상에서도 생전처럼
자식들 걱정으로 저고리 앞섶에
쪽머리에 바늘 꽂고 계시리라.

문득, 문득
하늘을 우러릅니다.

구멍 난 추리닝을 꿰매다가 어머니를 떠올립니다. 평생을 바늘과 함께 살다 가신 어머니의 바느질 솜씨는 한때 육남매를 먹여 살리는 생명줄이었습니다.

나무비녀의 어머니

산자락의 논둑 노란 들꽃에서
밭고랑의 냉이 새싹에서
어머니를 만납니다.

사월의 햇살을 어머니의 숨결로 보듬다가
당신의 칠십 평생 그 인고의 심연 속에
그리움의 두레박을 내립니다.

육이오 때 남으로 내려와 피눈물로 키운 자식
어느새 흰 머리의 초로(初老)가 되어서도
더욱 간절한 어머니의 사랑
손길을 끝없이 길어 올립니다.

"봄나물도 씨 마르겠다.
뜯고 캐고 산과 들이 온통 칼질이니
살아남을 게 독풀밖에 없겠다."

개구멍 뚫린 싸리나무 울타리도 없는
해바라기로 둘러싸인 초가삼간의 툇마루에
멀건 수제비로 저녁상 차리다
노을만 바라보시던 나무비녀로 쪽진 어머니

"우리 새끼들이 먹을 해바라기 씨를
들쥐가 다 먹으니 어찌 하냐?"

당신보다 두 배는 더 큰 해바라기 꽃을 올려다보며
안타까운 표정으로 어둠을 맞으시던 어머니는
부지깽이로 아버지가 놓은 쥐덫을 모두 치웠습니다.

"쥐들도 배가 고플 게다.
 설마 다 먹기야 하겠느냐."

올해는 갈골 당신의 무덤에
해바라기 꽃 지천으로 피워드릴 터이니
지지리 가난했어도 울며 웃던 핏줄의 끔찍한 사랑
그 행복한 기억만으로 편히 쉬세요.

인사동 거리에서 나무비녀 하나 사서 저고리 안주머니에 넣습니다.
꿈에 어머니를 만나면 하얀 쪽머리에 꽂아드리렵니다.

에필로그

어머니와 함께 편히 쉬십시오

땅과 하늘을 한 번도 원망하지 않으신
노부(老父)의 가슴 속 이야기를 쓰기 시작한 지
다섯 번째 봄에서야 비로소 작은 책으로 엮었습니다.

글을 쓰기 시작한 첫해는
98세의 노부와 함께 생활하는 시간 속에서
세월의 빠름에 쫓기고

이듬해의 정월, 겨울 한 복판에서
갑상선과 췌장암의 수술로 긴 투병의 시간을 보내며
노부와 떨어진 생활을 했습니다.

마침내 신묘년의 봄, 사월이면
깊은 산 속 솔바람 같은 노부의 영혼이
'귀가 머니 세상이 조용해서 좋구나'
책으로 출간되는데…….

2009년 삼월 한 세기의 삶,
100세의 생신 상을 받으시고 사흘 후 새벽
당신의 먼 길을 떠나셨습니다.

"이를 어찌 하나?
꽃을 피웠으니 뽑아버릴 수도 없고."

고추나 채마밭이라면
눈길보다 손길이 먼저 잡초를 뽑았을 노부
지팡이를 짚은 채 꽃을 지긋이 바라보시다가

"어디 화초만 꽃이더냐.
 잡초도 꽃을 피웠으니 화초렷다."

따뜻한 눈길을 잡초의 하얀 꽃에 모으고
긴 수염 쓰다듬으며 미소 지으시던
당신의 얼굴을 떠올립니다.

"봄비구나. 땅이 살찌겠다.
 죽기 전에 모내기 한 번 했으면 싶다."

땅을 사랑하다
흙으로 돌아가신 노부의 영전에
불효의 용서를 구하는 책을 올립니다.

아버지
이제 자식 걱정 다 놓으시고
먼저 떠나신 사랑하는 어머니와 함께
아름다운 저 세상의 들녘에서
편히, 편히 쉬십시오.

정병국 思父曲

귀가 머니
세상이 조용해서 좋구나

2011년 5월 1일 초판 인쇄
2011년 5월 5일 초판 발행

지 은 이 ‖ 정 병 국
발 행 인 ‖ 정 병 국

펴 낸 곳 ‖ 도서출판 지식과 사람들
등록번호 ‖ 제2-3436
주　　소 ‖ 서울 중구 충무로 4가 149-3
대표전화 ‖ 02-2277-7674
ISBN 978-89-956358-9-6

값 9,000원